Resi Hollerer/Gertrud Theußl/Grete Kulmer
Steirische Bäuerinnen kochen

W0067187

Resi Hollerer
Gertrud Theußl
Grete Kulmer

Steirische Bäuerinnen kochen

Einfach gute Rezepte

EDITION**LÖWENZAHN**

Die Deutsche Bibliothek - CIP-Einheitsaufnahme

Hollerer, Resi : Steirische Bäuerinnen kochen – einfach gute Rezepte /
Resi Hollerer/Grete Kulmer/Gertrud Theussl. –
Innsbruck : Ed. Löwenzahn, 1995
ISBN 3-7066-2106-1
NE: Kulmer, Grete:; Theussl, Gertrud:

© 1995 Edition Löwenzahn Verlagsges.m.b.H
Andreas-Hofer-Straße 4, A-6011 Innsbruck
Printed in Austria

Alle Rechte vorbehalten. Kein Teil des Werkes darf in irgendeiner Form
(Druck, Fotokopie, Mikrofilm oder in einem anderen Verfahren) ohne
schriftliche Genehmigung des Verlages reproduziert oder unter Verwendung
elektronischer Systeme verarbeitet, vervielfältigt oder verbreitet werden.

Satz: rudofex
Fotografien: Thomas Schauer
Umschlag: Ulrich Eichberger
Druck: Thaurdruck

Gedruckt auf umweltfreundlichem, chlor- und säurefreiem Papier

Zum Geleit

Nichts geht über Selbstgemachtes. Es ist nicht nur schmackhaft und bekömmlich, man weiß auch was "drin" ist. Drei starke Argumente, die immer mehr Frauen und Männer zum "Experimentieren in der Küche" verleiten, um wahre Gaumenfreuden zu erleben.

Mit dem vorliegenden Kochbuch, verfaßt von den steirischen Direktvermarktungsmanagerinnen Grete Kulmer und Gertrud Theußl und der Brucker Wirtschaftsberaterin Theresia Hollerer, lade ich Sie ein, steirische Köstlichkeiten und Spezialitäten kennenzulernen. Die hauswirtschaftlich ausgebildeten Autorinnen haben die Rezepte dieses Kochbuches bis ins letzte Detail "ausgefeilt" und ihnen den geschmacklichen Tupfen auf's i gegeben.

Die Steiermark bietet als Land der kulinarischen Vielfalt unzählige Köstlichkeiten: Weit über die Grenzen bekannt sind der rassige Schilcher, die exzellenten steirischen Weine, die feinen Edelbrände, die frisch-saftig-steirischen Äpfel, das fett- und cholesterinarme Porki-Qualitätsschweinefleisch, das saftige Styria Beef, das feine Steirerlamm, das würzige Almo. Ganz zu schweigen vom schwarzen Gold der Steiermark, dem im In- und Ausland beliebten steirischen Kürbiskernöl. Mit dem steirischen Gourmetpaß, in dem unter der Marke "Gutes vom Bauernhof" 650 steirische Direktvermarktungbetriebe zusammengefaßt sind, eröffnen wir Ihnen die Türe zu diesen Köstlichkeiten.

Dieser Gourmetpaß ist eine wichtige Grundlage für Ihr ganz persönliches Gourmeterlebnis.

Gutes Gelingen und viel Freude beim Kochen und Essen.

Landesbäuerin Grete Pirchegger

Inhalt

Vorspeisen

Suppen

Hauptgerichte mit Fleisch

Hauptgerichte mit Fisch und Geflügel

Hauptgerichte mit Kartoffeln, Gemüse und Getreide

Süße Hauptgerichte

Beilagen

Buffet, Jause

Nachspeisen, Torten, Gebäck

Vorratshaltung

Vorwort

Die bäuerlichen Produkte sind in der Regionalküche die natürliche Grundlage der Ernährung. Die „Neue Steirische Küche" besinnt sich dieser Tradition: Sie bevorzugt Lebensmittel, die aus dem Lande kommen. Genauso wie es die Bäuerinnen und Bauern über Jahrhunderte machten.

Die kulinarische Steiermark ist so vielfältig und abwechslungsreich wie die steirischen Landschaften.

Im gebirgigen Norden prägte schon immer die Milchwirtschaft und die Schafzucht die Ernährung. Butter, Topfen oder Steirerkäse schmecken vorzüglich. Heute spielt in diesen Regionen außerdem Damwild und die Bienenhaltung eine Rolle. Verschiedenste Honigsorten, die Gesundheitsprodukte Propolis und Gelee Royal werden angeboten.

Im breiten Gürtel des steirischen Wald- und Berglandes, das sich vom äußersten Westen bis in den östlichsten Zipfel des Landes erstreckt, stehen Schaffleisch, Spezialitäten wie Forellen oder Schwarzbeeren im Vordergrund.

In den eher ebenen Gebieten des Landes hat der Ackerbau, der Obst- und Weinbau nach wie vor große Bedeutung (steirische Apfelstraße!). Neben einer breiten Palette von Frischobst werden dem Feinschmecker vor allem Spezialitäten wie der naturtrübe Apfelsaft, Dörrobst, erlesene Edelbrände oder Apfelsekt angeboten.

Weinstraßen durchziehen die Südoststeiermark, die Südsteiermark und die Weststeiermark; unzählige Buschenschankbetriebe laden zur typischen steirischen Brettljause und zu Kellerführungen ein.

Im Grazer Raum nimmt der Gemüseanbau traditionellerweise eine bedeutende Stellung ein. Schon immer haben die Bauern die Städter mit frischem Gemüse wie Kraut, Porree, Erdäpfeln, Kürbissen, roten Rüben,

mit Fleisch- und Wurstprodukten beliefert. Heute hat die Landeshaupt-
stadt Graz mit 15 ständigen Bauernmärkten europaweit das dichteste Netz
dieser für Konsumenten wie Produzenten gleichermaßen attraktiven Direkt-
vermarktungseinrichtung.

Kulinarischer Newcomer der letzten Jahre ist das steirische Thermen-
land. Eine hügelige, weiche Landschaft, die weite Teile der Bezirke Hart-
berg, Feldbach, Fürstenfeld und Radkersburg umfaßt. Bäuerinnen und Bauern warten hier mit ganz speziellen Produkten auf: mit dem Klöcher Tra-
miner oder mit einer Palette traditioneller Erzeugnisse wie Selch- und Kno-
blauchwürstel, Kürbiskernöl, Schaf- und Ziegenmilchprodukte, Porki-Schwei-
nefleisch, Kräuterprodukte, Paradeiser, kaltgepreßte Öle aus Raps, Soja
oder Sonnenblumen, Wasser- und Zuckermelonen.

Dieses Kochbuch lebt von der Vielfalt dieser regionalen Angebote; eine
Vielfalt, die nur durch die bäuerliche Pflege der Kulturlandschaft erhalten bleiben kann; eine Vielfalt, die das Einkaufen und den Speisezettel
bereichert.

Unser Buch ist eine Liebeserklärung an die schöne steirische Landschaft
und an die Fülle bäuerlicher Köstlichkeiten und Spezialitäten.

Vorspeisen

Sellerie-Apfel-Rohkost

25 *dag Sellerie*	Sellerie waschen, schälen und nicht zu fein
1 *großer Apfel*	raspeln, den gewaschenen Apfel mit der
Zitronensaft	Schale reiben, beides vermengen, mit
1 *Prise Zucker*	Zitronensaft, Rahm und Zucker abschmecken.
etwas Rahm	

Apfel-Endivien-Salat

1 *Endivie*	Endiviensalat waschen, in 1 cm breite Streifen
3 *säuerliche Äpfel*	schneiden, das Obst waschen, schälen und
1 *Orange*	würfelig schneiden, mit der Marinade (Kernöl,
3 EL *Apfelsaft*	Zitronensaft, Salz, Apfelsaft und eventuell
3 EL *Kernöl*	Zucker) abschmecken.
Saft einer Zitrone	
etwas Salz und Zucker	

Vorspeisensalat mit Schinken und Äpfeln

20 *dag gekochter*
Schinken im Ganzen
1 *Salatgurke*
20 *dag gekochter Sellerie*
12 *dag eingelegte*
Champignons
2 *große, säuerliche Äpfel*
Saft einer Zitrone
6 EL *Cherryessig*
6 EL *kaltgepreßtes*
Sonnenblumenöl
Salz, weißer Pfeffer
1 *Bund Petersilie*
etwas Schnittlauch

Den Schinken in 1x1 cm große Würfel schneiden; die Gurke waschen, halbieren und in nicht zu dünne Scheiben schneiden; Sellerie waschen und ebenfalls in Würfel schneiden; die Champignons gut abtropfen lassen und die größeren halbieren. Petersilie und Schnittlauch waschen und fein hacken; sodann mit den genannten Zutaten gut vermengen und kaltstellen.
Das Öl mit Essig, Salz und weißen Pfeffer, sowie Wasser nach Bedarf gut verrühren. Die Äpfel gründlich waschen, halbieren und vom Kerngehäuse befreien; in kleine Würfel schneiden und mit Zitronensaft beträufeln; unter das Gemüse-Schinkengemisch heben und alles zusammen mit der Marinade vermengen.

Äpfel mit Räucherforelle

3-5 *Äpfel*
12,5 *dag Räucherforelle*
1 *grüner Paprika*
2 *Stengel Sellerie*
Sauerrahm, Salz

Die Äpfel einer festen Sorte schälen, aushöhlen und vorsichtig in Wasser weichdämpfen. Die Forelle halbieren, entgräten und in Stücke schneiden, Paprika und Sellerie fein schneiden und alles mit Sauerrahm und Salz vermengen. In die erkalteten Äpfel füllen. Gekühlt servieren.

Gänseleber auf Apfelsalat

1 Apfel
1 EL Honig
2 EL Sauerrahm
1 EL geschlagenes Obers
8 Scheiben Gänseleber
à 3 dag, paniert
verschiedene Salatblätter

Dressing:

1/2 Becher Sauerrahm
2 dag Honig
4 EL Apfelessig
2 EL Sonnenblumenöl,
kaltgepreßt
Salz, Pfeffer

Die nudelig geschnittenen Äpfel mit Honig, Sauerrahm und geschlagenem Obers mischen. Die Salatblätter mit dem Dressing marinieren und Apfelsalat und frisch panierte Gänseleber dekorativ anrichten.

Apfeltoast

1 großer Apfel
3 dag Butter
4 Scheiben Käse
4 Scheiben Weißbrot

Den Apfel schälen, Kernhaus entfernen und in vier gleich dicke Scheiben schneiden. Butter in einer Bratpfanne erhitzen und die Apfelscheiben darin weich dämpfen. Inzwischen das Weißbrot toasten und etwas größer als die Apfelscheiben zurechtschneiden. Die noch heißen Toasts mit Butter bestreichen und mit je einer Apfelscheibe und mit je einer Käsescheibe belegen. Grillen bis der Käse schmilzt.

Bauernfrühstück mit Paradeiser

10 *dag durchwachsener Selchspeck* 10 *dag Zwiebeln* 50 *dag Erdäpfel* 1 *Bd. Schnittlauch* **5 Eier** 5 EL *Wasser, Salz und Pfeffer* 3 *kleine Paradeiser*	Speck in kleine Würfel schneiden. Zwiebeln schälen und würfeln. Erdäpfel schälen und in Würfel schneiden, Schnittlauch fein hacken. Speck in einer großen Pfanne über guter Hitze knusprig ausbraten. Erdäpfel dazugeben und wenden, wenn die Unterseite gebräunt ist. Danach ab und zu wenden, bis sie knusprig sind. Zwiebeln dazugeben und kurz mitbraten. Inzwischen Eier mit Wasser, etwas Salz und Pfeffer verquirlen. Paradeiser in Scheiben schneiden. Eier über die Erdäpfel gießen und bei schwacher Hitze stocken lassen. Mit Paradeiser belegen und mit Schnittlauch bestreuen.

Karotten-Lauch-Rohkost

30 *dag Lauch* 40 *dag Karotten* 1 *großer säuerlicher Apfel* *Kresse* 1 EL *Zitronensaft* 2 EL *gehackte, frische Kräuter wie Petersilie, Schnittlauch, Zitronenmelisse* 1/8 *l saurer Rahm* 1 Msp. *Salz* 1/2 TL *Birnendicknektar*	Vom Lauch die dunkelgrünen Blattspitzen und die Wurzelenden abschneiden, längs halbieren, gründlich waschen, trockentupfen und in dünne Scheiben schneiden. Die Karotten schaben, waschen und in dünne Stifte schneiden. Den Apfel schälen, vierteln, vom Kerngehäuse befreien und die Apfelviertel grob raspeln. Die Kresse in einem Sieb kalt abbrausen und gut abtropfen lassen. Die Lauchscheiben, die Karottenstifte und die Apfelraspel auf einer Platte anrichten und mit Zitronensaft beträufeln. Die Kräuter mit saurem Rahm, Salz und Birnendicknektar verrühren und die Sauce über den Salat geben. Den Salat mit Kressebüscheln garnieren.

Paradeiser, mit Thunfischreis gefüllt

8 mittelgroße Paradeiser
1 TL Salz
15 dag gekochter
Langkornreis
20 dag Thunfisch aus
der Dose
2 EL gehackte Petersilie
1 Msp. schwarzer Pfeffer
1/2 TL abgeriebene
Zitronenschale
4 EL Crème fraîche
8 kleine Basilikumblätter

Die Paradeiser waschen, abtrocknen und vom stiellosen Ende mit einem scharfen Messer einen kleinen Deckel abschneiden. Die Paradeiser mit einem spitzen Teelöffel aushöhlen und mit Salz ausstreuen, Reis in eine Schüssel geben, Thunfisch abtropfen, in kleine Stücke zerpflücken und mit der gehackten Petersilie, dem Pfeffer, der abgeriebenen Zitronenschale und der Crème fraîche zum Reis geben. Alle Zutaten locker mischen. Den Thunfischreis in die Paradeiser füllen und die Deckel wieder aufsetzen. Die Basilikumblätter waschen und trockentupfen. Jede Tomate mit einem Basilikumblatt garnieren.

Tips:

Bei Verwendung von abgeriebener Zitronenschale oder von ungeschälten Zitronenspalten sollten Sie stets darauf achten, nur ungespritzte Früchte zu verarbeiten.

Statt mit Thunfisch können Sie den Reis auch mit Sojakeimen mischen; die Zitronenschale wird dann weggelassen.

Das ausgehöhlte Fruchtfleisch von den Paradeisern findet Verwendung für eine italienische Sauce zu einem Nudelgericht. Dafür 1 kleingehackte Zwiebel und 1 Knoblauchzehe in 1 EL Olivenöl anbraten, das Paradeisfleisch hinzufügen und musig einkochen lassen.

Mit getrocknetem Oregano, Salz und frisch gemahlenem, schwarzem Pfeffer würzen.

Gemüsesülze

1/4 l Wasser
1/2 TL Salz
8 weiße Pfefferkörner
2 Bund gemischte
Kräuter aus
Sellerieblättern,
Petersilie, Kerbel und
Estragon
1 kleiner Kopf Karfiol
(ca. 50 dag)
25 dag Erbsen
12 Blätter Gelatine
1 l Wasser
1 kleiner Bund Dill
2 Bund Petersilie
einige Zweige frische
Pfefferminze
1/2 l Weißwein
je 1 Msp. Salz, weißer
Pfeffer und Zucker
1 TL Zitronensaft
2 hartgekochte Eier

Das Wasser mit dem Salz und den Pfefferkörner zum Kochen bringen. Die gemischten Kräuter bis auf Estragon waschen, trockentupfen, ins kochende Wasser legen und zugedeckt bei schwacher Hitze 10 Minuten darin ziehen lassen. Den Kräutersud durch ein Sieb in einen Topf gießen. Den Karfiol in Röschen zerteilen, diese gründlich waschen und die Strünke kürzen. Die Karfiolröschen im Kräutersud 20 Minuten zugedeckt kochen lassen. Die Röschen mit einem Schaumlöffel aus dem Wasser heben, in Eiswasser tauchen und auf einem Küchentuch erkalten lassen. Dann die Erbsen im kochenden Kräutersud 10 Minuten garen. Die Gelatine in Wasser einweichen und quellen lassen. Die gegarten Erbsen mit dem Schaumlöffel aus dem Kochsud heben, in Eiswasser tauchen und ebenfalls auf einem Küchentuch erkalten lassen. Den Dill, die Petersilie und die Minze waschen und gut trockenschleudern. Die Gelatine ausdrücken und im heißen Kräutersud unter Rühren auflösen. Den Kräutersud mit dem Weißwein und nötigenfalls mit wenig Wasser auf 3/4 l Flüssigkeit auffüllen. Die Sülzflüssigkeit mit dem Salz, dem Pfeffer, dem Zucker und dem Zitronensaft abschmecken und abkühlen lassen. Eine große Puddingform kalt ausspülen, 1/2 cm hoch mit der Sülzflüssigkeit ausgießen und diese im Kühlschrank erstarren lassen. Die Eier schälen, in Scheiben schneiden und auf die erstarrte Sülzschicht legen. Einige Dillspitzen zwischen die Eier geben. Wiederum etwas Sülzflüssigkeit über die Eischeiben gießen und im Kühlschrank erstarren lassen. Auf die erstarrte Schicht die Hälfte der Erbsen füllen und darauf die Karfiolröschen anordnen. Sülzflüssigkeit darübergießen und im Kühlschrank erstarren lassen. Die Petersilienblättchen von den Stengeln zupfen und auf dem Karfiol anrichten. Die restlichen Erbsen einfüllen und die restliche Sülzflüssigkeit darübergießen. Die Gemüsesülze in 3 bis 4 Stunden im Kühlschrank völlig erstarren lassen. Die Sülze vor dem Servieren mit einem spitzen Messer vom Rand lösen. Die Form kurz in heißes Wasser tauchen und die Sülze auf eine Platte stürzen. Die zurückbehaltene Petersilie, den restlichen Dill, den Estragon und die Pfefferminze zum Garnieren der Sülze verwenden. Dazu schmeckt eine pikante Sauce und frisches Stangenweißbrot.

Herbstlicher Salat aus Obst und Gemüse

30 *dag Erdäpfel*
20 *dag Sellerie*
2 *Bananen*
2 *große, säuerliche Äpfel*
Salz

Marinade:

4 *EL Öl*
Saft von 2 Zitronen
1 *TL Paprikapulver*
Salz
4 *EL Sauerrahm*
gehobelte Mandeln zum Bestreuen

Erdäpfel und Knollensellerie werden in genügend Salzwasser gekocht und geschält; auskühlen lassen; danach schneidet man beide Zutaten in nicht zu kleine Streifen. Für die Marinade rührt man Öl mit dem Saft einer Zitrone, Paprika und Salz nach Geschmack ab. Bananen schälen und in Scheiben schneiden; Äpfel schälen, vierteln, Kerngehäuse entfernen und in Spalten schneiden; das Obst mit dem Saft einer Zitrone marinieren.
Erdäpfel- und Selleriestreifen mit dem Obst und der Marinade vermischen und kaltstellen; mit dem Sauerrahm verrühren; den Salat in einer geeigneten Schüssel anrichten, mit dem Sauerrahm übergießen und zuletzt mit gehobelten Mandeln bestreuen.
Zu diesem pikanten Salat reicht man Weißbrot.

21

Karotten-Apfel-Joghurt

50 *dag* Äpfel 50 *dag* Karotten Saft einer Orange Saft einer Zitrone 1 EL Honig 1/2 *l* Joghurt	Äpfel und Karotten werden in der Saftzentri- fuge entsaftet. Dann vermischt man Joghurt mit den Säften und süßt mit Honig.

Gesulzte Forelle

1 *Forelle* 1 EL *Essig* *Salz* *Pfefferkörner* 1 *Zwiebel*	Gesäuberte Forelle mit Essig begießen. 1/8 l Wasser mit etwas Salz, Pfefferkörnern und Zwiebel aufkochen. Forelle hineinlegen, 10 Minuten ziehen lassen und kalt stellen. Im überkühlten Zustand wird die Forelle auf eine Servierplatte gelegt, mit dem geseihten Sud übergossen und kühl gestellt, wobei sie leicht geliert.

Rüben-Rohkost

15 *dag* Karotten 15 *dag* Kohlrabi geriebene *Nüsse* *Zucker* *Zitronenspalten*	Geputzte Karotten und Kohlrabi reibt man auf einem Reibeisen und setzt jedes Gemüse für sich in Häufchenform nebeneinander auf einen Teller. In die Mitte gibt man ein Häuf- chen geriebene Nüsse, vermischt mit reichlich Zucker und mit Zitronenspalten garnieren.

Rettich-Rohkost

2 *große*
schwarze Rettiche
1 *Apfel*
1 *Prise Zucker*
Zitronensaft
Salz oder Selleriesalz
15 *Radieschen*
2 EL *Sonnenblumenöl,*
kaltgepreßt
5 *dag gehackte Nüsse*
2 EL *Schlagobers*
Schnittlauch
1 *Paradeiser*
1 *Kopfsalat*

Sauber geschälte Rettiche und einen Apfel samt Schale reibt man auf einer Glasraffel und vermischt das Geriebene mit einer Prise Zucker, den Saft einer viertel Zitrone, Salz und Öl. Darunter mengt man streifig geschnittene rote Radieschen, grobgehackte Nüsse und geschlagenes Obers. Gehäuft anrichten, mit Schnittlauch bestreuen und abwechselnd mit Paradeisscheibchen und nudelig geschnittenem Salat, der mit Zitronensaft und Salz gewürzt wurde, einfassen.

Suppen

Spargelcremesuppe

1 kg grüner Spargel
1/2 TL Salz
1 Stk. Würfelzucker
Gemüsesuppe (evtl. aus einem Würfel)
2 TL Speisestärke
1 Msp. frisch geriebener weißer Pfeffer
5 dag Crème fraîche
1 EL Dillspitzen

Den Spargel waschen, auf einem Tuch abtropfen lassen, die unteren Teile der Stangen dünn schälen und holzige Enden abschneiden. Die Spargelspitzen in einer Länge von ca. 5 cm von den Spargelstangen abschneiden und beiseite stellen. Die übrigen Spargelstangen in kleine Stücke schneiden. Das Salz und den Zucker in knapp 1/2 l Wasser zum Kochen bringen, die Spargelstücke darin weichkochen. Spargelstücke mit dem Kochwasser im Mixer pürieren oder durch ein Haarsieb streichen. Die Spitzen in einem Sieb abtropfen lassen und die Gemüsebrühe mit dem Spargelpüree mischen. Die Speisestärke mit wenig kaltem Wasser anrühren, unter die Suppe mischen und einmal kräftig aufwallen lassen. Die Suppe mit dem Pfeffer und eventuell noch mit etwas Salz abschmecken, die Spargelspitzen darin erwärmen, aber nicht mehr kochen lassen. Die Suppe anrichten, in die Mitte der Portionen die Crème fraîche geben und die Dillspitzen darüber streuen.

Fischsuppe

1 *Fisch*	Von den Innereien Darm, Galle und Schwimm-
Karotten	blase entfernen, waschen. Den Kopf, eventuell
Petersilie	Wirbelsäule und Flossen mit Karotten, Petersi-
Sellerie	lie, Sellerie, Salz, Zwiebel, Lorbeerblatt, Pfef-
Zwiebel	ferkörnern, etwas Thymian, Zitronenschale und
Salz, Pfefferkörner	Essig weichkochen; kurz vor dem Garwerden
Lorbeerblatt	auch die Innereien mit Milch und Rogen dazu-
Thymian	geben; Fleischteile vom Kopf ablösen (Kie-
Zitronenschale	men vorher entfernen, sie machen die Suppe
Essig	bitter!). Fleisch, Innereien und Wurzeln hacken
Milch	oder passieren und in eine lichte Einbrenn
Rogen	geben. Die Suppe kann mit Petersiliengrün,
	Rotwein und Eidotter verbessert und aufge-
	wertet werden.

Rahmsuppe

1/4 *l saurer Rahm*	Sauren Rahm mit Mehl abschlagen, in kochen-
2 EL *Mehl*	des Wasser (1 TL Kümmel kann mitgekocht
1 *l Wasser*	werden) einrühren und kurz verkochen lassen.
Salz	Dabei wiederholt kräftig rühren oder sprudeln,
	damit sich das Mehl auflösen kann. Rohe
	Erdäpfelstückchen können mitgekocht oder
	gekochte heiße Erdäpfel können mitserviert
	werden. Leicht salzen.

Topfensuppe

1 *l Milch*	Topfen und Milch verrühren, salzen, feinge-
25 *dag Topfen*	hackten Kümmel und Dille dazugeben und
1/8 *l Obers*	eine Viertelstunde kochen. Obers und Mehl
1 EL *Mehl*	(eventuell auch ein Ei) versprudeln und in die
1 *Ei*	Suppe einrühren. Einmal aufkochen lassen,
Salz	sofort servieren. Man kann kleingeschnittene
1 TL *Kümmel*	Erdäpfel mitkochen. Anstelle von Süßmilch
Dille	kann Sauermilch genommen werden.
2-3 *Erdäpfel*	

Knoblauchsuppe

Suppengemüse	Suppengemüse klein schneiden und 10 Minu-
(*Sellerieknolle, Karotte,*	ten in der Flüssigkeit kochen. Salz, gestoße-
Petersilienwurzel, Porree)	nen Kümmel, etwas geriebene Zwiebel (und
1-2 *Zwiebeln*	einige getrocknete, vorgeweichte Pilze) dazu-
Salz	geben und weitere 20 Minuten kochen lassen.
Pfeffer	Dann durch ein Sieb gießen.
Kümmel	Im heißen Fett Zwiebeln bräunen, die zer-
3-5 *Knoblauchzehen*	stoßenen oder zerdrückten Knoblauchzehen
5 *dag Schweinschmalz*	mitbräunen, dann die zerdrückten Piment-
Trockenpilze	körner und etwas geriebenen Ingwer beifügen.
3 *Pimentkörner*	Zuletzt das Mehl dazurühren. Unter ständigem
1 *Prise Ingwer*	Rühren das Gemisch in die Grundsuppe ein-
2-3 EL *Mehl*	rühren und 5 Minuten kochen lassen. Mit Salz
1 1/4 *l Fleischsuppe oder*	und Pfeffer abschmecken. Über Brotschnitten
Wasser (*mit Würfel*)	anrichten.

Erdäpfelsuppe

30-40 *dag Erdäpfel*
Salz
Pfeffer
Kümmel
1 *Knoblauchzehe*
einige Sellerieblätter
Thymian
1/2 *Lorbeerblatt*
Petersilie
1/8 *l Sauerrahm*
1 EL *Mehl*
1 *Spritzer Essig*

Geschälte, kleinwürfelig geschnittene Erdäpfel mit Gewürzen, zerdrückter Knoblauchzehe und gehackten Sellerieblättern in leicht gesalzenem Wasser weich kochen. Zuletzt Sauerrahm und Mehl versprudeln, einrühren, mit Essig etwas säuern. Einmal aufkochen. Als Einlage kann man gezupften Nudelteig mitkochen.

Gurkensuppe

1 *Salatgurke*
3-4 *Erdäpfel*
Salz
Pfeffer
Kümmel
Petersilie
1/2 *l Milch*
2 EL *Mehl*
1 *Spritzer Essig*
ca. 3/4 *l Wasser*
Dille

Wasser zum Kochen bringen, salzen, die kleinwürfelig geschnittenen geschälten Erdäpfel darin mit Salz, gestoßenem Kümmel, Pfeffer und gehackter Petersilie halbweich kochen, dann die würfelig geschnittene, geschälte Gurke beigeben und gar kochen. Zuletzt Sauermilch, mit Mehl versprudelt, einrühren, mit Essig säuern und unter ständigem Rühren aufkochen lassen. Abschmecken. Mit gehacktem Dillkräutl bestreut servieren.

Krautsuppe

1 *kleiner Weißkrautkopf*	Feingeschnittene Zwiebel in Fett anrösten,
1 *Zwiebel*	nudelig geschnittenes Kraut dazugeben, etwas
2 EL *Schweineschmalz*	Wasser oder Fleischsuppe und Kümmel bei-
Salz, Pfeffer	geben und weich dünsten. Zuletzt aus Fett
1-2 EL *Mehl*	und Mehl eine Einbrenn machen, zur Suppe
Kümmel	geben, gut verrühren und verkochen. Mit Salz
	und Pfeffer abschmecken.

Sauerkrautsuppe

50 *dag Sauerkraut*	Geschnittene Zwiebel in würfelig geschnitte-
8 *dag Speck*	nem Speck rösten, Topf von der Herdplatte
1 *Zwiebel*	nehmen, Paprika darüberstreuen, das kurz-
1 TL *Paprika edelsüß*	geschnittene Sauerkraut dazugeben, mit
1 *l Rindsuppe oder*	Suppe oder Wasser in der nötigen Menge auf-
Wasser	gießen und 1 Stunde kochen. Zuletzt ver-
ca. 1/8 l Sauerrahm	sprudelten Sauerrahm dazurühren. Wenn not-
Salz, Pfeffer	wendig, nachwürzen. Man kann in Stückchen
	geschnittenen Schinken, Selchfleisch oder in
	Scheiben geschnittene Wurst mitkochen.

Weinsuppe

1 *l Weißwein*	Wein mit Zucker, Zimt, Gewürznelken und
2 *Dotter*	Neugewürz aufkochen lassen. Dotter mit Stär-
10 *dag Zucker*	kemehl und wenig Wein versprudeln, und mit
Zimt, Gewürznelken	der Butter in den kochenden Wein einrühren
Neugewürz	und bis zum Aufkochen auf dem Feuer stehen
1 TL *Stärkemehl*	lassen, dann durch ein Sieb seihen. Mit in
2 *dag Butter*	Butter goldgelb gerösteten Semmelschnitten
	servieren.

Linsensuppe

25 *dag* Linsen	Linsen über Nacht in Wasser einweichen.
Speckschwarte	Linsen, Speckschwarte, etwas Kümmel (und
8 *dag* Selchspeck	Suppenwürfel) zusammen in frischem Wasser
1 1/4 *l Wasser*	kochen, bis die Linsen weich sind. Selchspeck-
(*Suppenwürfel*)	würfel zerlassen oder Fett heiß werden lassen,
Salz, Kümmel	die kleingehackte Zwiebel und den zerdrück-
Majoran	ten Knoblauch darin rösten, Mehl, zerhackten
1 *Zwiebel*	Kümmel und Majoran beigeben, leicht bräu-
1 *Knoblauchzehe*	nen lassen, dann in die Suppe einrühren und
2 EL *Schweineschmalz*	einige Minuten weiterkochen lassen.
2 EL *Mehl*	Mit Weißwein abschmecken.
1/8 *Weißwein*	

Brennsuppe (Kümmelsuppe)

2 EL *Schweineschmalz*	Schmalz erhitzen, das Mehl einrühren und
(*auch Butter,*	dunkel rösten. Je langsamer es röstet, desto
Butterschmalz)	besser wird die Suppe. Kümmel und Salz bei-
2 EL *Mehl*	geben (einige geben etwas kleingeschnittene
1 TL *Kümmel*	Zwiebel bei), kurz weiterrösten, nach und nach
Salz	mit Flüssigkeit aufgießen (bei Fleischsuppe
1 1/4 *l Wasser oder*	die Einbrenn vorher nicht salzen). Zuerst nur
Fleischsuppe	so viel Flüssigkeit (heiß oder kalt) beigeben,
	daß beim Verrühren eine dicke Einbrenn ent-
	steht, dann nach und nach die restliche Flüs-
	sigkeit nach Bedarf dazugießen und glatt ver-
	kochen. (Nach der halben Flüssigkeitsmenge
	kann man ein wenig zerdrückten Knoblauch
	beigeben.) 15-20 Minuten auf kleiner Flamme
	weiterkochen lassen. Über geschnittenes Brot
	in einer Schüssel gießen. Man gibt auch Fritta-
	ten in die Brennsuppe.

Blutwurstsuppe

40-50 *dag* Blutwurst	Blutwurst häuten und kleinwürfelig schneiden.
4 *dag* Fett	In heißem Fett die feingehackte Zwiebel und
1 *kleine* Zwiebel	die zerdrückte Knoblauchzehe gelb rösten.
1 Knoblauchzehe	Majoran und das Mehl beigeben, kurz wei-
Majoran	terrösten, dann die Blutwurst dazugeben.
1 EL Mehl	Alles tüchtig durchschwitzen lassen. Mit
1 Ei	1 l Wasser zu einer sämigen Suppe aufgießen
Salz, Pfeffer	und eine Weile kochen lassen. Dann Ei, Salz,
1 EL *geriebener*	Pfeffer, geriebenen Hartkäse, 1 bis 2 Eßlöffel
Hartkäse	Mehl und etwas Milch mit kehrt gehaltenem
2 EL Milch	Reibeisen direkt in die kochende Suppe
1-2 EL Mehl	drücken. Kurz verkochen lassen. Als Einlage
	geröstete Semmelschnitten geben.

Mostsuppe

1 1/2 *l* Most	Süßen, klaren Most sieden lassen, dann aus
4 *dag* Butter	Butter und Mehl eine lichte Einmach bereiten,
4 *dag* Mehl	mit dem Most langsam aufgießen, tüchtig
1/4 *l* Obers	verrühren und langsam weiterkochen lassen.
1-2 Eidotter	Zuletzt vom Feuer nehmen, mit etwas Obers
2 Semmeln	und Eidottern, beides gut versprudelt, binden
	(nicht mehr kochen lassen). Über geröstete
	Semmelschnitten gießen und heiß servieren.

31

Klachelsuppe (Schweinshaxlsuppe)

1 1/2 *l Wasser* 4 *dag Mehl* 4 *dag Fett* 1 *kg Schweinshaxen* *(vom Fleischhauer in* *Scheiben hacken lassen)* *Suppengrün* *Schwarten* *Salz* 1 *Zwiebel* 1 *Lorbeerblatt* *Majoran* *Wacholder- und* *Pfefferkörner* *(oder Knoblauch, Pfeffer,* *Salz, Kümmel)* *etwas Essig*	Schweinshaxen mit den gewünschten Gewürzen, Suppengrün und Zwiebelscheiben weich kochen (im Druckkochtopf etwa 45 Minuten), dann mit Essig säuern und abseihen. Eine lichte Einbrenn aus Fett und Mehl mit der abgegossenen Suppe vergießen und das von den Knochen gelöste Fleisch hineingeben (oder das Mehl mit kaltem Wasser versprudeln, in die heiße Kochbrühe einkochen und das Fleisch hineingeben.) Man kann die Suppe auch extra essen und die Haxln gesalzen und gepfeffert mit frisch geriebenem Kren anrichten.

Gerstensuppe

3 *dag Gerstenmehl* 1/2 *l Wasser* *Salz* 1 *Eidotter* 2 *EL Milch* 2 *dag Butter* *Schnittlauch*	Gerstenmehl mit kaltem Wasser zu einem dünnen Brei abrühren und diesen in kochendes Salzwasser einlaufen und gut verkochen lassen. Zum Schluß einen rohen Eidotter mit kalter Milch verquirlen und dies in die nicht mehr kochende Suppe einschlagen. Butter dazugeben. Mit Schnittlauch bestreuen.

Vorspeisensalat mit Schinken und Äpfeln – Rezept auf Seite 16

Karotten-Lauch-Rohkost – Rezept auf Seite 18

Hühnersuppe

1 *Suppenhuhn*	Huhn im Suppentopf knapp mit Wasser
Suppengrün	bedecken, salzen, zum Kochen bringen,
1 *mittlere Zwiebel*	1 1/2 Stunden leicht kochen lassen. Suppen-
einige Pfefferkörner	grün, Pfefferkörner, die in ca. 1 cm dicke
Salz	Scheiben geschnittene Zwiebel (kann auf der
Schnittlauch	Herdplatte leicht gebräunt werden) und
1 *Zweig Liebstöckl*	Liebstöckl dazugeben, noch ca. 1 Stunde

kochen lassen (bis sich die Gelenke leicht
bewegen lassen). Suppe abseihen, entfetten,
abschmecken, mit dem in Portionen geteilten
Fleisch und gekochten Suppennudeln
servieren.

Erdäpfelcremesuppe

3 *Erdäpfel*	3 große, mit einer Bürste sauber gewaschene
3/4 *l Wasser*	Erdäpfel werden roh dick geschält. Die
Kümmel	Schalen durch eine Fleischmaschine treiben,
Majoran	mit Wasser auffüllen, schwach mit Kümmel,
Petersilie	Majoran und Petersilie sowie etwas Sellerie-
Selleriesalz	salz würzen und die Suppe hierauf samig ein-

kochen lassen. Zum Schluß durch ein feines
Sieb laufen lassen und nochmals aufkochen.

Karfiolsuppe mit Sonnenblumenkernen

1 *Kopf Karfiol*
(*etwa* 1 *kg*)
30 *dag* Porree
1 *Zwiebel*
2 EL *Sonnenblumenöl*
1 EL *Weizen-*
Vollkornmehl
1 *Prise Pfeffer*
1 TL *Salz*
4 EL *geschälte*
Sonnenblumenkerne
1 EL *Butter*
4 EL *junge, gehackte*
Löwenzahnblätter

Vom Karfiol die Außenblätter entfernen, den Strunk kürzen und den Kohlkopf mit den Röschen nach unten 20 Minuten in lauwarmes Wasser legen, damit eventuell vorhandenes Ungeziefer ausgeschwemmt wird. Den Karfiol dann von Wasser bedeckt 25 Minuten köcheln lassen. Vom Porree die Wurzelenden und die dunkelgrünen Blattspitzen entfernen. Die gelben Teile gründlich waschen und in dünne Ringe schneiden. Die Zwiebel schälen und würfeln. Das Öl in einem großen Topf erhitzen, Zwiebelwürfel darin unter Umwenden glasig braten. Den Lauch hinzufügen und 3 Minuten mitbraten. Das Mehl darüberstäuben und kurz anbraten. 1 l von der Karfiol-Kochflüssigkeit nach und nach zu dem Zwiebel-Porree-Gemisch gießen. Die Suppe einige Male aufkochen lassen und mit dem Pfeffer und dem Salz abschmecken. Den Karfiol in Röschen teilen. Die Strünke kleinschneiden und alles in die Suppe geben; noch einmal erhitzen. Die Sonnenblumenkerne in der Butter goldbraun braten und mit dem gehackten Löwenzahn über die Suppe streuen.

Spinatsuppe

1/2 *kg Spinat*
2 *Zwiebeln*
2 *dag Schweineschmalz*
1 *l Wasser oder Suppe*
1 *Suppenwürfel*
Muskatnuß, Salz, Pfeffer
Essig
4 *Eier*

Spinat putzen, waschen, abtropfen lassen; gehackte Zwiebel in Fett anlaufen lassen, den Spinat dazugeben und dünsten, bis der Spinat zusammenfällt. Dieser wird dann mit dem Mixer kurz püriert, in den Topf zurückgegeben und mit Suppe oder Wasser aufgegossen, gewürzt und abgeschmeckt. Inzwischen kocht man in Essigwasser 4 aufgeschlagene Eier und gibt sie dann in eine Suppenschüssel. Die Spinatsuppe wird darübergegossen. Geröstete Weißbrotscheiben mit Parmesan und Käse können dazugereicht werden.

Hauptgerichte mit Fleisch

Mit Kastanien und Nußkernen gefüllte Rehschnitzel

6 Rehschnitzel
à ca. 15 dag
Wacholderbeeren
Pfeffer
Weinbrand
18 dag Schweinsschulter
Salz, Pfeffer, wenig Öl
Butter
1/8 l Rotwein
3/8 l brauner Wildfond
1 EL Mehlbutter
3 dag Butter

Fülle:

2 EL Schalotten
12 dag frische Pilze
(Herrenpilze)
3 dag Hamburger Speck
5 dag Butter
12 Kastanien
2 EL gehackte
Walnußkerne
4 EL Obers
Weinbrand

Die Rehschnitzel vorsichtig klopfen, würzen, mit Weinbrand beträufeln und zugedeckt ein bis zwei Stunden kühl stellen. Die Schalotten, die Pilze und den Speck fein hacken und in der Butter leicht anrösten und kaltstellen. Die Kastanien kochen, schälen, auskühlen lassen und zerkleinern. Die Schweinsschulter fein faschieren. Alle Zutaten der Fülle vermengen und würzen. Die Schnitzel füllen und mit Zahnstochern zusammenhalten. Salzen, pfeffern und in wenig Öl langsam braten. In der Zwischenzeit ein Stückchen Butter beifügen und nach etwa zehn Minuten Bratzeit mit Rotwein ablöschen. Die Schnitzel aus der Pfanne nehmen. Dann den Bratensaft mit dem Wildfond aufgießen, die Mehlbutter dazugeben, alles glatt verrühren und kurz kochen lassen. Zum Schluß die frische Butter beimengen und die Sauce abschmecken. Die Schnitzel anrichten und mit der passierten Sauce überziehen. Als Beilage passen gebratene Apfelscheiben mit Preiselbeeren und Erdäpfelkroketten.

Rindfleisch-Rollgerstl-Eintopf

50 dag gekochtes
Rindfleisch vom Almo
1 l Rindsuppe
20 dag Rollgerste
1 große Zwiebel
2 EL Schweineschmalz
40 dag Erdäpfel
2 Karotten
1 Stange Lauch
1 Sellerieknolle
1 EL gehacktes
Selleriegrün
Salz, Pfeffer
etwas Thymian
gehackte Petersilie

Die Rollgerste in kaltem Wasser zum Kochen bringen und etwa eine halbe Stunde kochen. Inzwischen Zwiebel, Erdäpfel und gekochtes Rindfleisch würfelig schneiden. Die Karotten in Scheiben, den Lauch in Ringe, die Sellerieknolle zu Stifteln schneiden. Die feingeschnittene Zwiebel in Schweineschmalz goldgelb anrösten, mit Rindsuppe aufgießen. Das Kochwasser der Rollgerste abgießen. Die Rollgerste, das Fleisch, Karotten, Lauch, Erdäpfel, Sellerieknolle und Thymian dazugeben, zum Kochen bringen und eine halbe Stunde langsam zugedeckt dünsten. Mit Selleriegrün, Salz und Pfeffer abschmecken. Beim Anrichten mit Sellerie bestreuen. Mit Vollkornbrot servieren.

Steirisches Kürbiskernschnitzel

4 Schnitzel vom Styria
Beef (Nuß, Schale oder
Hüferl)
20 dag Topfen
10 dag Kürbiskerne
4 Scheiben Geselchtes
Salz, Knoblauch, Pfeffer
1 Ei
Ei, Mehl, Brösel zum
Panieren

Schnitzel dünn klopfen und wenig salzen. Aus Topfen, Salz, einem Ei, etwas Pfeffer, Knoblauch und den geriebenen Kürbiskernen einen Abtrieb machen. Jedes Schnitzel mit einer Scheibe Geselchtem belegen und einen Löffel voll Topfenabtrieb darauf geben. Die Schnitzel zuklappen und an den Rändern etwas anklopfen. Nun werden die Schnitzel paniert und in Öl ausgebacken.

Schweinsragout mit Austernpilzen

50 *dag Gulaschfleisch*
vom Porki
25 *dag Austernpilze*
1-2 *große Zwiebel*
2 *dag Schweineschmalz*
Salz, Pfeffer, Majoran
1/4 *l Rindsuppe*
1/8 *l Rotwein (Zweigelt)*
1 *EL Paradeismark*
1/4 *l Sauerrahm*

Zwiebel fein hacken, Pilze und Gulaschfleisch würfelig schneiden. Zwiebel in heißem Schweineschmalz gut anbraten. Das würfelig geschnittene Fleisch mitbraten und schließlich die Pilze einrühren. Kräftig mit Pfeffer und Majoran würzen. Mit Rotwein und Rindsuppe aufgießen und ca. 1/2 bis 1 Stunde dünsten, dann salzen. Zum Schluß die Sauce mit Sauerrahm und Paradeismark abschmecken.

Räuberfleisch

1 *kg Rindfleisch (wie*
Zapfen, Tafelstück, Hals,
mageres Meisel, dicke
Schulter, hinteres
Ausgelöstes)
2 *EL Öl*
Salz
schwarzer Pfeffer
2 *mittelgroße Zwiebeln*
1/8 *l Rotwein (Zweigelt)*
3/8 *l Rindsuppe*
oder Wasser
20 *dag roter Paprika*
20 *dag Champignons*
15 *dag Gewürzgurken*
1 /8 *l Sauerrahm*
1 *TL Senf*
1 *gestrichener EL Mehl*
etwas gehackte Petersilie

Das Fleisch quer zur Faser in etwa ein Zentimeter dicke und 30 Gramm schwere Stücke schneiden. Eine große Pfanne erhitzen, etwas Öl eingießen, nur bodendeckend die Fleischstücke einlegen und kräftig anbraten. Erst wenn das Fleisch von allen Seiten braun angebraten ist, mit Salz und Pfeffer würzen. Steht nur eine kleine Pfanne zur Verfügung, sollte nur die halbe Menge Fleisch angebraten und der Vorgang wiederholt werden.
Die feingeschnittenen Zwiebeln zum gut gebräunten Fleisch geben und weiterrösten, mit Rotwein ablöschen, mit Rindsuppe oder Wasser aufgießen, den Bratensatz lösen und alles in einen Topf geben. Zugedeckt etwa 40 Minuten dünsten.
Paprika grobwürfelig schneiden, Champignons achteln und mit dem Fleisch mitdünsten. Wenn das Fleisch gar ist, Sauerrahm mit etwas Wasser, Senf und Mehl glattrühren und damit den Saft binden, eventuell Flüssigkeit zu gut sämiger Sauce verdünnen. Zuletzt blättrig geschnittene Gewürzgurken beigeben. Mit gehackter Petersilie bestreut servieren.

Gedünstete Rindsschnitzel

8 Rindsschnitzel
à 20 dag vom Almo
Salz
schwarzer Pfeffer
Mehl
etwa 6 dag Öl
3 Zwiebeln
2 EL Mehl
etwa 1/4 Liter Wein
nach Geschmack (rot
oder weiß)

Die Schnitzel an den Rändern einschneiden, leicht klopfen, salzen, pfeffern und leicht bemehlen. Eine Pfanne gut erhitzen, bodenbedeckend Öl eingießen, Rindsschnitzel einlegen und auf beiden Seiten bräunen. Schnitzel in Topf legen, Bratensatz mit etwas Wasser oder Wein löschen und über die Schnitzel gießen. Dann die gesäuberte Pfanne wieder erhitzen, etwas Öl eingießen und darin feingehackte Zwiebeln goldbraun rösten. Mit Mehl stauben, gut durchrösten und mit etwa 3/4 Liter Flüssigkeit (Rindsuppe oder Wasser mit etwa 1/4 Liter Wein) aufgießen. Die Sauce glattrühren und über das Fleisch gießen, etwas salzen und zugedeckt langsam weich dünsten (ca. eine Stunde). Zuletzt mit Flüssigkeit auf die erforderliche Menge Sauce bringen und abschmecken.
Die Sauce kann bei Bedarf mit Stärkemehl zusätzlich gebunden werden.

Lammbrust gerollt

90 dag ausgelöste
Lammbrust vom
steirischen Schafbauern
10 dag Kohl- oder
Spinatblätter (vorgekocht)
Salz, Pfeffer, Senf
Knoblauch, Rosmarin
20 dag Rollgerste
20 dag Gemüse (Erbsen,
Mais)
ca. 0,6 l Rind- oder
Lammsuppe
Schweineschmalz zum
Anbraten

Die ausgelöste Lammbrust mit Salz, Pfeffer, Senf, Knoblauch und Rosmarin würzen. Mit Kohl- oder Spinatblättern belegen, einrollen und binden. Im heißen Schweineschmalz kurz anbraten und im vorgeheizten Rohr bei ca. 170°C ca. 2 1/2 Stunden unter öfterem Begießen braten. Über Nacht eingeweichte Rollgerste abseihen und mit Suppe weichkochen. Erbsen und Mais einrühren und mit Salz und Pfeffer abschmecken. Lammbrust in Scheiben schneiden und mit Rollgerste und Natursaft anrichten.

Lammragout mit Gemüse

80 *dag* Lammfleisch
ohne Knochen (*Schulter
oder Hals*) *vom
steirischen Schafbauern*
1/2 *l* Rotwein
(*Blaufränkischer*)
2 Zwiebeln (*ca. 25 dag*)
2 Zucchini (*ca. 25 dag*)
2 Paprika (*rot und grün*)
Knoblauch, *Salz, Pfeffer
Majoran, Thymian,
Schnittlauch
Schweineschmalz zum
Anbraten*

Lammfleisch in nicht zu kleine Würfel schneiden, mit Salz und Pfeffer würzen, in heißem Schweineschmalz kurz anbraten, mit Rotwein ablöschen und auf kleiner Flamme zugedeckt ca. 1 Stunde köcheln lassen. Dann die grob geschnittenen Zwiebeln beimengen und ca. 1/4 Stunde weiterköcheln lassen. Anschließend die grob gewürfelten Paprika zugeben und eine weitere 1/4 Stunde köcheln lassen. Zuletzt die grob geschnittenen Zucchini, den Majoran und den Thymian dazugeben, kurz mitdünsten lassen und mit Salz, Pfeffer und Knoblauch würzen. Wenn nötig, zwischendurch mit etwas Suppe oder Rotwein aufgießen. Mit Erdäpfeln servieren.

Lammleber mit Selleriepüree

60 *dag* Lammleber *vom
steirischen Schafbauern*
2 EL *Schlagobers*
20 *dag* Brokkoli
ca. 3/4 *kg* Sellerie
*Zitrone
Öl, Butter
frischer Salbei
Salz
Pfeffer*

Sellerie schälen und in kleine Würfel schneiden, mit Zitrone und wenig Wasser weichdünsten, mit Salz würzen, pürieren und mit Schlag verbessern.
Brokkoli in Salzwasser nicht zu weich kochen, mit eiskaltem Wasser abschrecken.
Die Leber in gleichmäßige Scheiben schneiden, mit Salz und wenig Pfeffer würzen, in nicht zu heißem Öl oder Butter langsam nicht ganz durchbraten und warmstellen. Bratensatz mit etwas Wasser oder Rotwein ablöschen, mit Butterflocken und frischem Salbei verfeinern. Selleriepüree auf heißem Teller mit in Butter geschwenktem Brokkoli anrichten, Leberscheiben dazu garnieren und mit Salbeisaft begießen.

43

Jungrind "Bella Napoli"

50 *dag Kalbsschulter*
vom Styria Beef
2 EL *kaltgepreßtes*
Sojaöl
1 *Päckchen Saftfleisch-*
Gewürzmischung
2 *grüne Paprika*
4 *Paradeiser*
2 *Knoblauchzehen*
2 EL *Crème fraîche*
Basilikum, Oregano

Fleisch in Würfel schneiden, in Sojaöl anrösten, mit 1/2 l Wasser aufgießen und Saftfleisch-Gewürzmischung einrühren. Nach dem Aufkochen bei geringer Hitze weichdünsten. Kurz vor dem Ende der Garzeit in Streifen geschnitte Paprika, enthäutete, gewürfelte Paradeiser, zerdrückten Knoblauch und Gewürze beifügen. Zum Schluß mit Crème fraîche binden.

Ragout vom Styria Beef mit Dörrobst und Nudeln

ca. 1 *kg Styria Beef aus*
der Schulter
Öl
Wurzelgemüse
(klein würfelig)
1 *gehackte Zwiebel*
1 *Lorbeerblatt*
Salz, Pfefferkörner
2 EL *Paradeismark*
1/8 *l Rotwein*
1/4 *l Rindsuppe*
20 *dag Dörrobst*
(Zwetschken, Rosinen)
1/4 *l schwarzer Tee*
1/8 *l Rotwein (herb)*
1 *kleines Stück Zimtrinde*
1 *Gewürznelke*
etwas Zitronen- oder
Orangenschale
1/8 *l Süßrahm*

Das würfelig geschnittene Fleisch würzen und in Öl rasch anbraten. Wurzelgemüse sowie Zwiebel beigeben, etwas anrösten und Paradeismark dazugeben. Mit einem Teil Rotwein ablöschen, einkochen und mit Suppe aufgießen. Anschließend auf kleiner Flamme weichdünsten. Wenn das Fleisch mürb ist, aus der Sauce nehmen und diese passieren. Danach die Fleischstücke wieder zugeben. Gewaschenes Dörrobst mit den Gewürzen in Tee und Rotwein ziehen lassen, bis die Früchte weich sind. Danach Süßrahm einrühren und kurz aufkochen lassen. Dörrobst abseihen, Sauce zum Ragout geben und abschmecken.

Porki-Erbsen-Eintopf

25 *dag Erbsen*	Die Erbsen waschen und mit der geschälten,
1 *l Wasser*	geviertelten Zwiebel in 1 l Wasser ca. 60 Minu-
1 *Zwiebel*	ten kochen, abgießen und beiseite stellen.
60 *dag Schweineschopf*	Das Fleisch in feine Streifen schneiden. Die
vom Porki	Zwiebeln schälen und in Würfel schneiden.
2 *Zwiebeln*	Paprika waschen, entkernen und in Würfel
2 *rote Paprika*	schneiden. Das Schmalz in einem Topf zerlas-
2 EL *Schmalz*	sen, Fleisch, Zwiebeln und Paprika zugeben
2 EL *Mehl*	und 10 Minuten dünsten lassen. Die Erbsen
1/2 *l Rinderfond*	zugeben, mit Mehl stäuben, mit Rinderfond
1/4 *l Weißwein*	und Wein aufgießen, nochmals aufkochen las-
1 *Bund Petersilie*	sen. Die Petersilie waschen, kleinschneiden
Salz, schwarzer Pfeffer	und zugeben. Mit Salz und frischgemahlenem
	Pfeffer abschmecken.

Steaks gegrillt mit Schwammerlbutter überbacken

4 *Steaks vom*	Steaks mit etwas Öl und frischen Kräutern
Styria Beef	sowie Lorbeer und Knoblauch 2-3 Tage mari-
Öl	nieren. Mit Salz und Pfeffer würzen, auf Grill, in
frische Kräuter	Pfanne oder im Rohr auf Gitter mit Oberhitze
(*Thymian, Rosmarin,*	knusprig braun braten. Mit Schwammerlbutter
Majoran)	belegen und bei starker Oberhitze goldgelb
Lorbeer	überbacken.
2 *Knoblauchzehen*	
Salz, Pfeffer	*Schwammerlbutter*:
Schwammerlbutter:	Pilze fein hacken und in wenig Butter kurz
5 *dag Pilze nach Saison*	andünsten, bis die Flüssigkeit verdampft ist.
10 *dag Butter*	Butter mit Eier schaumig rühren, restliche
1 *Ei*, 1 *Dotter*	Zutaten und abgekühlte Pilze einrühren. In
1 EL *Brösel*	Fettpapier einrollen oder mit Spritzbeutel fla-
1 EL *Parmesan*	che Häufchen auf ein Blech dressieren und
Salz, Pfeffer	kaltstellen.
frischer Majoran	

Lammragout mit Gemüse

80 *dag* Lammfleisch
ohne Knochen (Schulter,
Schlögel oder Hals) vom
steirischen Schafbauern
1/2 *l* Rotwein
2 Zwiebeln
2 Zucchini
2 Paprika
Knoblauch, Salz, Pfeffer
Majoran
Thymian
Schnittlauch

Lammfleisch in nicht zu kleine Würfel schneiden, mit Salz und Pfeffer würzen, im heißen Öl kurz anbraten, mit Rotwein ablöschen und auf kleiner Flamme zugedeckt ca. 1 Stunde köcheln lassen. Dann die grob geschnittenen Zwiebeln beimengen und ca. 1/4 Stunde weiterköcheln lassen. Anschließend die grob gewürfelten Paprika zugeben und eine weitere 1/4 Stunde köcheln lassen.
Zuletzt die grob geschnittenen Zucchini, den Majoran und den Thymian dazugeben, kurz mitdünsten lassen und mit Salz, Pfeffer und Knoblauch würzen. Wenn nötig, zwischendurch mit etwas Suppe oder Rotwein aufgießen.
Mit Erdäpfeln servieren.

Jungrindpastete im Kräutermantel

50 *dag* faschiertes
Jungrindfleisch vom
Styria Beef
Suppenwürze
Pfeffer, Salz, Majoran
Zitronensaft
Muskat
5 EL *gehackte* Kräuter
(Petersilie, Estragon,
Thymian, Basilikum)
etwas Butter
Rindsuppe
Faschiertes mit Salz,
Pfeffer, Majoran,

Zitronensaft, Suppenwürze zubereiten und mit Muskat abschmecken. Befettete Alufolie (25 x 35 cm) mit Kräutern bestreuen, Faschiertes darauf verteilen und mit Hilfe der Folie einrollen. Den Braten im Rohr bei 180°C ca. 30 Minuten mit Alufolie bedeckt, weitere 20 Minuten abgedeckt braten. Hin und wieder mit etwas Rindfleischsuppe aufgießen.

Süßsaurer Schweinebraten

60 *dag Porkibraten vom*
Schlegel
4 *dag Rosinen*
15 *dag Ananas*
3 *scharfe Pfefferoni*
10 *dag Zwiebel*
Salz
Pfeffer
1 TL M*ajoran*
1/8 *l herber Weißwein*

Das Fleisch mit Salz, Pfeffer und Majoran bestreuen und eine Stunde im Kühlschrank rasten lassen. Zwiebel schälen und hacken, Rosinen mit dem Weißwein übergießen und eine Stunde quellen lassen; Pfefferoni in feine Ringe schneiden; Ananas schälen und in nicht so kleine Stücke hacken.

Die Rosinen abseihen und dabei den Wein auffangen; Rosinen, Zwiebel, Ananas und Pfefferoni gut vermengen und mit etwas Pfeffer und Majoran würzen. In den Braten mit einem scharfen Messer einen taschen förmigen Einschnitt machen, den man mit der Rosinen-Ananas-Masse füllt und danach mit Rouladennadeln oder Küchenspagat gut verschließt; den Braten in eine nicht zu große Pfanne legen und im vorgeheizten Backrohr bei 200°C 60 Minuten lang schmoren lassen; dabei des öfteren mit dem eigenen Saft übergießen und wenn nötig den Bratensaft mit etwas Rindsuppe oder Rosinenwein verlängern; der Saft soll gegen Ende des Bratvorganges eine sirupartige Konsistenz aufweisen; das Fleisch vor dem Aufschneiden etwa 15 Minuten lang entspannen lassen.

Als Beilage eignet sich ein Butterreis.

Pikante Schweinsröllchen

4 magere Porkischnitzel
vom Schlegel
3 dag Butter
1 kleine Schalotte
1/2 Bund Petersilie
1 Knoblauchzehe
15 dag Champignons
2 EL glattes Mehl
10 dag Selchspeck
1 kleine Karotte
1 dünne Scheibe Sellerie
1/2 Petersilwurzel
1 Lauchstange
1/8 l Sauerrahm
1 Scheibe Zitrone
4-6 Kapern
1 Prise Kümmel
Salz, Pfeffer

Zwiebel, Petersilie, Champignons, Speck fein hacken; Karotte, Petersilwurzel und Sellerie schälen und fein reiben; Lauch putzen und in feine Ringe schneiden; die Schnitzel dünn klopfen und beidseitig salzen und pfeffern. Die Butter erhitzen und die Zwiebel darin goldgelb rösten; mit zerdrücktem Knoblauch, Petersilie und Kümmel würzen, die Champignons beifügen und alles recht trocken rösten; mit Mehl stauben und gut durchrösten; danach mit 2-3 EL Wasser zu sehr dicker Sauce aufgießen, die man verkochen läßt; diese Masse überkühlen lassen.

Die Schnitzel mit der Champignonmasse zu gleichen Teilen bestreichen, zusammenrollen und mit Küchenspagat oder Rouladennadeln fixieren. Den Speck in einer Pfanne auslassen und in diesem heißen Fett die Rouladen rundum ein wenig anbraten; aus der Pfanne nehmen und bereithalten. Das Wurzelwerk und den Lauch im Bratfett anrösten und mit Mehl stauben; kurz durchrösten und mit Sauerrahm und 1/4 l Wasser zu dünner Sauce aufgießen, die Zitronenscheibe und die Kapern beifügen, mit Salz und Pfeffer abschmecken und die vorgebratenen Rouladen in dieser Sauce einlegen; zugedeckt auf kleiner Flamme weichdünsten und danach den Spagat bzw. die Nadeln entfernen. Die Rouladen in schräge Scheiben schneiden und mit der unpassierten Sauce servieren.

Topfenschnitzel gebacken

4 *Schnitzel vom*
Styria Beef
Salz, Brennesselblätter

Fülle:

10 *dag Topfen*
Salz, Kräuter
1 *Knoblauchzehe*
1 *Ei*
Eier, Brösel, Mehl zum
Panieren

Schnitzel klopfen und salzen, mit Brennessel belegen und darauf einen Eßlöffel Topfenfülle geben. Die Schnitzel zuklappen und an den Rändern etwas andrücken. Nun werden die Schnitzel paniert und im heißen Öl ausgebacken. Die Schnitzel werden auf einer Platte angerichtet und mit Rapunzel, einer Zitronenscheibe und Radieschen garniert.

Topfenfülle:

Topfen mit Salz, Knoblauch, Kräutern und Ei abrühren.

Falscher Lungenbraten garniert

1 *Hüferscherzel*
Speck
Kräuteröl

Hüferscherzel der Länge in drei Teile schneiden, so, daß die Teile aussehen wie ein Lungenbraten. Aus den Teilen ca. 3 cm dicke Scheiben schneiden und diese mit Hamburgerspeck umwickeln, den Speck mit einem Zahnstocher befestigen. Das Fleisch in ein Kräuteröl legen und einige Stunden durch ziehen lassen. Nun wird das Fleisch auf jeder Seite ca. 4 Minuten gebraten, auf einen Rost gelegt und 10 Minuten ruhen gelassen. Das Fleisch wird mit Kräuterbutter belegt. Angerichtet wird der Lungenbraten mit blanchierten Erbsen, Folienerdäpfeln und mit einer Paradeisrose garniert.

Wildschweinbraten

1 kg Wildschweinbraten
vom Schlegel
6 dag Öl
10 dag Selchspeck
Salz, Pfeffer
2 Karotten
1/4 Sellerieknolle
1 Petersilwurzel
2 kleine Zwiebeln
1 Lorbeerblatt
ein Zweig Thymian
einige Wacholderbeeren
1 EL Paradeismark
etwas Worcestersauce
3 EL Preiselbeeren
Saft einer viertel Zitrone
1/8 l Rotwein
3 dag glattes Mehl

Alle Sehnen und Häute vom Fleisch schneiden und klein hacken; den Selchspeck in Streifen schneiden und das Fleisch damit spicken; den Braten rundum mit Salz und Pfeffer einreiben. Zwiebeln schälen und grob würfeln; Karotten, Petersilwurzel und Sellerieknolle waschen, putzen und in grobe Stücke schneiden. Das geschnittene Gemüse, Thymian, Wacholderbeeren und Lorbeerblatt in eine Bratpfanne streuen und das Fleisch darauflegen; mit heißem Öl übergießen, etwas Wasser beifügen und im vorgeheizten Backrohr bei 200°C unter öfterem Begießen mit eigenem Saft eine Stunde lang braten; danach das Fleisch wenden und auch auf der anderen Seite unter immer häufigerem Begießen mit dem Eigensaft eine weitere Stunde braten; wenn nötig, mit noch etwas Wasser aufgießen. Das Fleisch aus der Pfanne nehmen und den Bratrückstand mit Mehl stauben; das Paradeismark beifügen, alles gut durchrösten, mit Rotwein ablöschen und verkochen lassen; sodann die Sauce durch ein feines Sieb streichen und mit Zitronensaft, Preiselbeeren und Worcestersauce abschmecken. Den Braten in fingerdicke Scheiben aufschneiden, mit der Sauce umkränzen und mit Preiselbeeren garnieren. Die ideale Beilage zu diesem schmackhaften Wildgericht sind Erdäpfelkroketten und dazu passend ein blumiger Rotwein.

Linsensuppe – Rezept auf Seite 30

Gerstensuppe – Rezept auf Seite 32

Majoranbraten

80 *dag* Almo-Rindfleisch
vom *Zapfen*
35 *dag* Zwiebeln
ein *Sträußchen frischer*
Majoran
3 *reife Paradeiser*
Salz, Pfeffer
ein *Schuß* Essig
3/8 *l* Bratensaft
1/8 *l Madeirawein*
4 *dag* Öl

Das Öl in einer Bratpfanne stark erhitzen; das Fleisch einlegen und an allen Seiten zu schöner, brauner Farbe braten; herausnehmen, würzen und warmstellen. Im Bratrückstand die Zwiebeln dunkel anrösten und mit Essig ablöschen; mit Wein und Bratensaft aufgießen, das Fleisch wieder einlegen; die Paradeiser und den Majoran beifügen, alles zusammen im vorgeheizten Backrohr bei 210°C unter häufigem Begießen mit Eigensaft und evtl. etwas Wasser oder Rindsuppe ca. eine Stunde fertigbraten; das Fleisch warmstellen und entspannen lassen. Währenddessen den Saft durch ein sehr feines Sieb streichen; den Braten in Scheiben aufschneiden und mit dem Saft auf einer vorgewärmten Platte anrichten; dann mit in Butter geschwenkten Teigwaren zu Tisch bringen.

Lamm-Rollbraten mit Sahne-Sauce

80 *dag* Rollbraten vom
Lamm
2 EL Öl
1 TL *Salz*
1/2 TL *Pfeffer*
2 EL *mittelscharfer Senf*
1/4 TL *Curry*
1/4 *l* Fleischbrühe
1/4 *l* Weißwein
1 *Zwiebel*
1 *Knoblauchzehe*
1 *Bund* Suppengemüse
1/4 *l saure Sahne*
1 EL *Speisestärke*

Fleisch im Bratentopf mit stark erhitztem Öl braun anbraten. Gewürze, Brühe und Wein dazugeben, zugedeckt über schwacher Hitze schmoren, ab und zu wenden. Zwiebel und Knoblauch schälen und würfeln. Gemüse putzen, waschen und fein zerschneiden, nach einer Stunde in den Bratfond geben. Nach einer weiteren halben Stunde den Braten warmstellen. Bratfond durchseihen, dabei die Rückstände gut durchdrücken. Die Sauce zum Kochen bringen. Saure Sahne und Speisestärke verquirlen. Aufkochen und abschmecken. Bindefäden vom Braten lösen, das Fleisch in Scheiben schneiden.

Husarenbraten

80 dag Beiried
Salz, Pfeffer
1 TL Senf
6 dag Öl
1 Karotte
1 Scheibe Sellerie
eine halbe Petersilwurzel
10 dag Zwiebel
2 EL Paradeismark
3/4 l Bratensaft
1/8 l Weißwein
1 Prise Thymian
2 kleine Lorbeerblätter
1/2 Bund Petersilie
20 dag Champignons
etwas Zitronensaft
2 EL Sauerrahm
1 TL Speisestärke

Zwiebel schälen und fein hacken; Champignons waschen, putzen, in dünne Scheiben schneiden und mit etwas Zitronensaft vermengen; Karotte, Sellerie und Petersilwurzel waschen, schälen und in Würfel schneiden. Das Fleisch mit Salz, Pfeffer und Senf einreiben; das Öl gut erhitzen, das Beiried einlegen und an allen Seiten rasch anbraten; aus der Pfanne nehmen und warmstellen. Petersilie waschen und fein hacken.
Im Bratrückstand das Gemüse und Zwiebel anrösten; das Paradeismark beifügen, kurz mitrösten lassen und das Ganze mit etwas Bratensaft sowie Weißwein aufgießen. Das Fleisch wieder in die Pfanne legen und mit Thymian, Lorbeer und Petersilie würzen; alles zusammen im eigenen Saft - unter öfterem Aufgießen mit dem restlichen Bratensaft - weichdünsten (ca. 1,5 Stunden). Das Fleisch aus der Sauce nehmen, in dünne Scheiben schneiden und warmstellen. Den Sauerrahm mit der Speisestärke glatt verrühren; die Sauce binden und dann im Mixer pürieren; anschließend durch ein feines Sieb gießen und wieder zum Kochen bringen; zuletzt die Champignons dazugeben und garziehen lassen.

Gefüllte Kalbsrolle mit Hackfleischfüllung

60 *dag Kalbsbraten zum Rollen* *Salz und Pfeffer* 20 *dag Faschiertes* 1 *Ei* 1 *Zwiebel* 2 EL *gehackte Petersilie* 2 EL *Semmelbrösel* 2 EL *Butter* 1/4 *l Fleischbrühe* 1/8 *l Schlagobers* 1 TL *Speisestärke*	Das Fleisch an seinen dicksten Stellen flach klopfen, mit Salz und Pfeffer einreiben. Faschiertes mit Ei, Zwiebelwürfeln, Semmelbrösel, Petersilie, Salz und Pfeffer mischen. Den Fleischteig auf das Kalbfleisch geben, einrollen und den Braten mit Küchengarn umwickeln und binden. In einen Bräter legen, mit Butter bestreichen und in den heißen Backofen schieben. Während der Bratzeit (ca. 1 Stunde) die Brühe nach und nach angießen. Braten auf eine Platte legen. Schlagobers und Speisestärke verquirlen, zum Bratfond geben, verrühren, aufkochen und abschmecken. Dazu passen Erbsen und Möhren mit Petersilie in Butter geschwenkt und Salzerdäpfel.

Damwildschnitzel mit Pilzragout

4 *Damwildschnitzel* *Salz, Peffer* **Pilzragout**: 20 *dag Champignons* 20 *dag Austernpilze* 3 *dag Butter* 1/8 *l Schlagrahm* *frische Kräuter*	Pilze und Champignons in Streifen schneiden, in Butter anbraten und mit Schlagrahm aufgießen, einkochen lassen. Mit frischen Kräutern abschmecken. Wildschnitzel klopfen, gut würzen, in der Pfanne kurz links, rechts gut anbraten, rasten lassen und füllen.

Tafelspitz

1 kg Tafelspitz 20 dag Suppengemüse Salz	Fleisch in kochendes Wasser legen - nicht salzen. Suppengemüse (Sellerie, Lauch, Karotten, Zwiebel mit Schale) in großen Stücken ca. 1 Stunde vor Ende der Garzeit zugeben. Nur Schaum abschöpfen, Fett auf der Suppe lassen. Vor dem Aufschneiden das Fleisch in der Suppe bis zu 1 Stunde rasten lassen. Aufgeschnittenes Fleisch und Suppe getrennt salzen.

Lammkoteletts mit feinen Kräutern

4 Lammkoteletts Salz, Pfeffer Senf Petersilie Knoblauch Thymian Estragon 10 dag Champignons	Koteletts leicht klopfen, einschneiden, salzen, pfeffern, mit Senf bestreichen, in Butter anbraten, Koteletts warmstellen, feingehackte Kräuter anlaufen lassen, über die Koteletts verteilen und anrichten. Butter- oder Petersilerdäpfel als Beilagen servieren

Lammragout

45 dag Lammfleisch vom Hals, Wadschinken oder Schulter Fett 1 Zwiebel Salz, Pfeffer, Kümmel 15 dag Karotten und Erbsen 2 EL saurer Rahm 1 EL Mehl	Lammfleisch vom meisten Fett befreien, in größere Würfel schneiden. Zwiebel in Fett rösten, das Fleisch mitrösten, bis der eigene Saft herauskommt. Mit Salz, Pfeffer und Kümmel würzen, aufgießen und dünsten bis es halb weich ist. Karotten und Erbsen dazugeben, fertig garen, mit saurem Rahm und etwas Mehl binden und einmal aufkochen lassen.

Geschnetzeltes Kaninchen in Biersauce

75 dag geschnetzeltes
Kaninchenfleisch von
Keule oder Rücken
Öl zum Braten
Salz, Pfeffer
gemahlener Kümmel
Rosmarin
10 dag Zwiebel, klein-
würfelig geschnitten
10 dag Karotten und
Sellerie
1 EL Mehl
1/4 l Bier
1/8 l Obers

Kaninchenfleisch und Zwiebel in heißem Öl gut durchrösten, würzen, kleinwürfelig geschnittenes Gemüse dazugeben, mit Mehl stauben und mit Bier ablöschen. Gut einkochen lassen und dann mit Schlagobers vollenden. Überbackene oder geröstete Erdäpfel als Beilage servieren.

Gespickte Zunge

12 Scheiben gekochte
Zunge
12 Selchspeckstreifen
(à 5 dag)
Schweineschmalz zum
Herausbraten
Zitronensaft
ca. 1/4 l Suppe
Salz
Pfeffer
gehackte Petersilie

Halbzentimeterdick geschnittene Blätter von gekochter Zunge mit feinen Selchspeckstreifen spicken, mit der Speckseite nach unten in heißer Butter anbraten und hierauf mit Zitronensaft beträufeln. Sodann mit ein wenig Suppe vergossen kurze Zeit dämpfen lassen. Nach Bedarf Salz, Pfeffer und gehackte Petersilie hinzufügen.

Hauptgerichte mit Fisch und Geflügel

Pikante Fischfilets

2 Schellenfische,
je 40 dag
Saft einer Zitrone
Salz, weißer Pfeffer
1/2 TL scharfes
Paprikapulver
1 kleine Zwiebel
(ca. 8 dag)
20 dag Zucchini
20 dag Melanzane
20 dag säuerliche Äpfel
8 bis 10 Kapern
5 dag geriebener
Parmesan
1/8 l entfettete
Rindsuppe
1 Bund Dille
etwas Butter für die
Form

Die Fische sorgfältig waschen, die Flossen wegschneiden; danach filetieren (d.h. entlang des Rückgrates bis zur Mitte hin einen Einschnitt machen, dann entlang der Hauptgräte ein Filet auslösen und diesen Vorgang auch auf der anderen Seite wiederholen); die Filets mit Salz, Zitronensaft und Paprikapulver einreiben und eine halbe Stunde ziehen lassen. Zwiebel schälen, feinst hacken und auf dem gebutterten Boden einer Bratpfanne verteilen; Melanzane und Zucchini waschen, vom Stielansatz befreien und in dünne Scheiben schneiden; Äpfel waschen, mit einem sauberen Küchentuch trockenreiben, sechsteln und das Kerngehäuse entfernen. Nun vermengt man die Apfelspalten mit den Melanzane- und Zucchinischeiben und gibt alles zusammen in die Bratpfanne; dann würzt man mit Salz und Pfeffer, bestreut mit den Kapern und legt die zusammengefalteten Fischfilets darauf; die Fische mit geriebenem Parmesan bedecken und zuletzt mit der Suppe aufgießen und die Filets im vorgeheizten Backrohr bei 200°C 40-50 Minuten lang garen lassen.
Vor dem Servieren bestreut man die pikanten Fischfilets ausgiebig mit gehackter Dille.

Karpfen in Bierteig

1 Karpfen 1/4 l Bier 2 Eier 13 dag Mehl etwas Suppenwürze Salz Schweineschmalz zum Backen	Für den Teig Mehl, Eier, Salz und Bier glattrühren. Karpfenfilets würzen, in Mehl wälzen, in Bierteig tauchen, in Schweineschmalz backen.

Gebratener Fisch mit Rahmkren

4 Fischfilets à 25 dag
Salz
Pfeffer
Mehl
Öl zum Braten
1 EL geriebener Kren
1/4 l Sauerrahm
Salz, Zitronensaft

Sauber geputzte Fischstücke werden an der Hautseite ein wenig eingeschnitten, gesalzen, gesäuert, leicht gepfeffert und an der Hautseite bemehlt. Mit der bemehlten Seite nach unten legt man die Fische in sehr heißes Fett oder Öl, nach Belieben auch Butter, die nicht zu heiß gemacht werden darf, brät sie zu einer schönen goldgelben Farbe, dreht sie um und brät sie etwas langsamer im Rohr fertig. Beim Anrichten mit einigen Tropfen Bratfett begießen und mitgebratene Erdäpfel als Beilage geben.

Rahmkren:

Der geriebene Kren wird mit saurem Rahm, Salz und Zitronensaft vermischt, so daß eine cremige Sauce entsteht.

Fischauflauf

4 *Fischfilets*
Salz, Zitronensaft
Butter
Pfeffer, Curry
60 *dag Mischgemüse*

Béchamel:

Butter
1 EL *Mehl*
Milch
Muskat, Salz
2 *Eier*
Sauerrahm
Petersilie, Schnittlauch
Suppenwürze
2 EL *geriebener Käse*
und Butterflocken
zum Bestreuen

Filets salzen und mit Zitrone beträufeln, in Butter kurz anbraten, mit Pfeffer, evtl. Curry würzen und in eine bebutterte Auflaufform geben. Mischgemüse über die Filets verteilen.

Béchamel:

Aus Butter, Mehl und Milch eine lichte Béchamel bereiten, würzen, Dotter und Sauerrahm unterrühren. Aus Eiklar Schnee schlagen, unter Béchamelmasse heben, über Auflauf gießen. Mit Käse und Butterflocken bestreuen und im Rohr ca. 1/2 Stunde garen.

Forelle Müllerin

4 *Forellen*
1/16 l *Milch*
5 *dag Mehl, Salz*
Butter zum Anbraten
1/2 *Zitrone*
1/2 *Bund Petersilie*

Forellen waschen, gut abtrocknen, innen (und außen) salzen, in die Milch eintauchen und in Mehl wälzen; in einer Bratpfanne Butter erhitzen und die Forellen einlegen, kurz niederdrücken, da sie sich sonst aufbiegen, und goldgelb braten (ca. 4-5 Minuten auf jeder Seite; Garkontrolle: unter dem Rückgrat darf keine blutige Stelle zu sehen sein); Fisch zwischendurch öfters mit Butter beträufeln; auf einer Platte anrichten und mit Zitronensaft beträufeln, mit Petersilie bestreuen und garnieren.

Beilage:

Salzerdäpfel, grüner Salat

Kräuterforelle

4 Forellen
1/2 Zitrone (Saft)
Salz, Pfeffer
Rosmarin, Dille
Estragon
1/2 Bund Schnittlauch
1/2 Bund Petersilie
Alufolie
Öl oder Butter zum
Bestreichen

Folie zurechtschneiden, Forellen waschen und abtrocknen, innen und außen salzen, pfeffern und innen mit Zitronensaft beträufeln; Forellen mit gehackten Kräutern füllen; Alufolie mit Öl bestreichen, Forelle auf die Folie legen und zu einem festen Päckchen verschließen. Auf dem Rost im vorgeheizten Rohr bei ca. 200°C etwa 20 Minuten garen - die fertig gegarten Forellen auswickeln, auf einer Platte anrichten und garnieren.

Beilage:

Salzerdäpfel, gedämpftes Gemüse nach Saison

Gefüllte Forelle

4 Forellen
1/2 Dose Champignons
10 dag Zwiebel
1/2 Bund Petersilie
2 dag Butter
2 dag Brösel
Salz, Pfeffer
Paprikagewürz
1-2 Eier
5 dag Mehl
5 dag Brösel

Forellen waschen, innen und außen abtrocknen; Champignons, Zwiebel und Petersilie fein hacken, in Butter anrösten, Brösel dazugeben und würzen; die Forellen damit füllen. Anschließend die Forellen durch zerklopftes Ei ziehen, in Mehl und Brösel wenden und in einer Bratpfanne Fett erhitzen und die Fische kurz anbraten. Danach die Forellen in eine befettete, feuerfeste Form geben und im vorgeheizten Rohr bei ca. 180°C fertigbacken.

Beilage:

Salz- oder Petersilerdäpfel, Salat nach Saison

Fisch nach Bauernart

1,20 *kg Steirerfisch*
(Karpfen)
1/2 kg Erdäpfel
10 dag Karotten
10 dag Erbsen
Hamburgerspeck
10 dag Zwiebel
1/4 Sauerrahm
1 Ei
Thymian, Knoblauch,
Pfeffer

Steirerfisch gut putzen, in Filets schneiden (ca. 30 dag), marinieren; Erdäpfel, Karotten, Erbsen und Zwiebel blättrig schneiden und vorblanchieren. Eine Auflaufform mit Hamburgerspeckscheiben auslegen, Gemüse lagenweise mit dem Fisch einlegen, mit Hamburgerspeck abschließen. Im vorgeheizten Rohr bei mittlerer Hitze (180°C) ca. 30 Minuten garen lassen.
Sauerrahm mit Ei versprudeln, würzen; über den Auflauf gießen und nochmals kurz ins sehr heiße Rohr (200°C) schieben. Mit grünem Salat servieren.

Karpfen gebacken

1 Karpfen
Salz, Zitronensaft
Mehl, Eier und
Semmelbrösel zum
Panieren
Schweineschmalz zum
Backen

Man schuppt einen Karpfen, wäscht ihn aus, zerteilt ihn in Hufeisenstücke, säuert, salzt sie ein und läßt sie längere Zeit liegen, dreht sie in Mehl, geschlagenen Eiern und feinen Semmelbröseln und bäckt sie in heißem Fett langsam goldbraun, läßt das Fett auf ein Sieb abtropfen und legt sie auf eine warme Schüssel, sobald das letzte Stück gebacken ist, gibt man den Fisch sofort auf den Tisch und serviert mit Salat.

Parmesanfisch

Fisch (z.B. Karpfen)
Salz, Zitronensaft
Sardellenfilets
oder -paste
Butter, Semmelbrösel
Parmesan
Erdäpfel

Der ausgenommene (ca. 1,80 kg schwere) Fisch wird geschröpft, gesäuert und gesalzen. In die Einschnitte kommen in Streifen geschnittene Sardellenfilets oder Sardellenpasta und Butter. Dann wird der Fisch mit dem Rücken nach oben in die Bratpfanne gestellt, am besten auf eine umgedrehte Kaffeeschale oder große abgeschnittene Erdäpfel. Darübergestreut werden Semmelbröseln vermischt mit geriebenem Parmesankäse und zuletzt noch Butterflocken über die rundherum aufgelegten Erdäpfelscheiben. Erdäpfel vorher etwas salzen!
Dann eine Stunde im heißen Rohr braten, bis eine schöne braune Kruste entsteht.

Karpfenfilets in Weinteig

4 Karpfenfilets
Zitronensaft
Salz
2 Eier
1 Prise Salz,
Suppenwürze
25 dag Mehl
1/4 l Wein
(Welschriesling)
1/4 l Milch
Fett zum Herausbacken

Filets geschröpft (quer zu den Gräten alle 4 mm einschneiden) mit Zitronensaft und Salz würzen, eventuell etwas pfeffern. Eier, Salz, Mehl, Wein, Suppenwürze und Milch zu Teig abrühren und Fisch darin eintauchen, eventuell vorher in Mehl wenden (nach Belieben Vorgang wiederholen) und in genügend heißem Öl goldbraun backen. Einmal wenden. Mit Zitrone und Petersilie garnieren und mit Salat und Beilage nach Beschmack servieren. Gleichen Wein, wie für den Teig verwendet, kredenzen!

Fisch mit Pilzen

ca. 1 kg Fisch
15 dag Pilze
3 dag Butter
2 dag Mehl
Petersilie
1/4 l sauren oder süßen
Rahm
1/4 l Weißwein
Salz

Die gesalzenen Filetscheiben werden in einen Emailltopf getan und in 1/4 l Weißwein weichgekocht. In einem anderen Topf wird der Kopf und die Wirbelsäule mit etwas Salz und einer kleinen Zwiebel in wenig Wasser gekocht. Diese Suppe wird über ein Sieb auf das in Wein gekochte Fleisch gegossen und noch 10 Minuten lang gekocht. Die gekochten Fischscheiben werden mit einem flachen Löffel herausgenommen und in eine feuerfeste Schüssel gegeben.

Die in Scheiben geschnittenen, geputzten Pilze werden in den Saft des weichgekochten Fischfleisches gegeben, das Mehl wird mit dem Rahm verrührt, zur Pilzfischsuppe gegossen und zu einer dicken Sauce gekocht. Die Sauce wird auf die Fischscheiben gegossen, eventuell mit geriebenem Käse bestreut und in den Herd gestellt.

Heiß servieren!

Gebratenes Wildhendl mit Pilzfülle

1 Wildhendl
3 Semmeln
etwas Milch zum
Anweichen
15 dag Austernpilze
15 dag Champignons
1 Schalotte
6 dag Butter
1 Bund Petersilie
3 Eier
Salz, Pfeffer
1 Prise gemahlene
Muskatnuß
3 dag Öl
Hühner- oder Rindsuppe
zum Aufgießen

Austernpilze kurz mit kaltem Wasser waschen, gut abtropfen lassen und in feine Scheiben schneiden. Die Champignons waschen, putzen und in Scheiben schneiden, Zwiebel schälen und fein hacken, Petersilie waschen und hacken. Das Huhn kurz mit kaltem Wasser waschen und trockentupfen, zurechtputzen und überflüssiges Fett und Häute entfernen. Die Semmeln in 1 x 1 cm große Würfel schneiden. Die Schalotte in der Butter anschwitzen lassen, Austernpilze und Champignons beifügen und mitrösten. Das Ganze erkalten lassen und mit den Semmelwürferln und den Eiern, der Petersilie sowie Salz, Pfeffer und Muskatnuß vermengen. Die Fülle eine halbe Stunde kaltstellen. Das vorbereitete Huhn füllen und die Öffnung gut mit Küchenspagat vernähen. Das Huhn in eine Bratpfanne legen, das Öl sehr stark erhitzen und darübergießen. Das Geflügel unter häufigem Begießen mit Eigensaft sowie mit Hühner- oder Rindsuppe im vorgeheizten Rohr bei 200°C ca. 2 Stunden braten - danach herausnehmen und den Bratensaft entfetten. Das Huhn aufschneiden und mit dem Bratensaft anrichten.
Als Beilage eignen sich Kohlsprossen.

Geröstete Putenleber (Truthahnleber)

60 *dag Putenleber*
Salz, Pfeffer aus der
Mühle
1 *Prise Majoran*
2 *große Zwiebeln*
2 EL *glattes Mehl*
4 *dag Butter*
1 *Knoblauchzehe*
3 *säuerliche Äpfel*
Saft einer halben Zitrone
2 *dag Butter*
Hühner- oder Rindsuppe
zum Aufgießen
Schweineschmalz zum
Ausbacken
1 *mittlere Zwiebel*
gehackte Petersilie zum
Bestreuen

Die großen Zwiebeln schälen und in feine Ringe schneiden; Knoblauch schälen und zerdrücken; Äpfel waschen, schälen, vierteln, vom Kerngehäuse befreien und mit Zitronensaft beträufeln. Die Leber behutsam enthäuten und eventuelle harte Stücke entfernen; kurz mit kaltem Wasser waschen, trockentupfen und zu Schnitzeln aufschneiden.

In einer Pfanne 4 dag Butter erhitzen, bis sie schäumt; die Leberschnitzel mit Mehl bestäuben und beidseitig rasch zu schöner Farbe braten; aus der Pfanne nehmen und bereithalten. Im Bratrückstand die Zwiebeln und den Knoblauch goldgelb rösten und mit dem restlichen Mehl stauben; noch ein wenig rösten lassen und danach mit Hühner- oder Rindsuppe aufgießen; mit Salz, Pfeffer und Majoran würzen und alles zu cremiger Konsistenz verkochen lassen. In dieser Sauce sodann die vorbereiteten Schnitzel einlegen, mit Salz und Pfeffer aus der Mühle würzen und auf kleiner Flamme zugedeckt 30-25 Minuten lang dünsten lassen. Währenddessen 2 dag Butter erhitzen und darin die Apfelstücke bei schwacher Hitze braten, wobei darauf zu achten ist, daß sie nicht zerfallen. Die Zwiebel schälen, in feine Ringe schneiden, mit etwas Mehl vermengen und in erhitztem Schweineschmalz goldgelb ausbacken; danach auf einem Sieb gut abtropfen lassen. Zum Schluß schmeckt man die Zwiebelsauce pikant ab, richtet die Leberschnitzeln darin an und belegt sie mit den Zwiebelringen; die Apfelspalten seitlich anordnen und mit gehackter Petersilie bestreuen.

Gebratene Ente

1 Ente
Salz
Majoran
2 Äpfel
5 dag Butter

Die Ente wird gesalzen, innen leicht mit Majoran bestreut und mit Apfelschnitzen gefüllt. Mit Butter bestreichen und in der Pfanne unter öfterem Begießen 1 1/2 Stunden knusprig braten.

Steirisches Kürbiskernschnitzel – Rezept auf Seite 40

Gedünstete Rindsschnitzel – Rezept auf Seite 42

Hauptgerichte mit Erdäpfeln, Gemüse und Getreide

Lauchgratin

40 *dag gekochte*
Rinderschulter vom Almo
1 *kg* Lauch
1 TL *Salz*
50 *dag Erdäpfel*
6 *dag Butter*
2 *Eigelb*
1 TL *Salz*
1 Msp. *weißer Pfeffer*
1 Prise *geriebene*
Muskatnuß
knapp 1/8 *l kochend-*
heiße Milch
2 EL *gehackte Petersilie*
5 EL *saurer Rahm*
5 EL *Semmelbrösel*

Das Fleisch in kleine Würfel schneiden.
Vom Lauch die Wurzelenden und die dunkelgrünen Blatteile abschneiden, längs halbieren,
gründlich waschen und in 3 cm lange Stücke
schneiden. Den Lauch 10 Minuten in Salz
wasser blanchieren und abtropfen lassen.
Die Erdäpfel schälen, waschen, würfeln und
in Salzwasser kochen. Die Erdäpfel dann
abgießen, ausdämpfen lassen, zerstampfen
und mit 2 dag Butter, den Eigelben, Salz,
Pfeffer, Muskat und der Milch mischen; dabei
kräftig mit dem Schneebesen schlagen. Den
Backofen auf 200°C vorheizen. Eine feuerfeste
Form mit etwas Butter ausstreichen. Das Erdäpfelpüree hineinfüllen und mit 2 EL Butter in
Flöckchen belegen. Das Püree 15 Minuten
überbacken. Das Fleisch, den Lauch und die
Petersilie auf dem Erdäpfelpüree verteilen.
Den sauren Rahm darübergießen. Alles noch
5 Minuten überbacken. Die Semmelbrösel
in der restlichen Butter goldbraun braten;
über den Gratin streuen.

Porreekuchen

Teig:

25 *dag Mehl*
1 *Prise Salz*
1 *Ei*
10 *dag Butter*

Belag:

60 *dag Porree*
20 *dag durchwachsenen*
Speck
1 *Prise Salz*
schwarzer Pfeffer, Curry
20 *dag Schinkenwurst*
2 *Eier*
1/4 *l Sauerrahm*
Salz, Pfeffer

Mehl und Butter abbröseln, mit Salz und Ei zu einem Mürbteig verarbeiten. Den Teig 1 Stunde im Kühlschrank rasten lassen. Porree blanchieren und anschließend in Scheiben schneiden. Speck würfeln und glasig anrösten, die Porreescheiben dazugeben, mit Salz, Pfeffer und Curry würzen und zugedeckt 10 Minuten dünsten. Den Teig 5 mm dick ausrollen und den Boden und den Rand einer Tortenform auslegen. Den Teigboden mit einer Gabel mehrmals ausstechen. Die würfelig geschnittene Schinkenwurst auf dem Teigboden verteilen und darüber die ausgekühlte Porreefüllung streuen. Die Eier mit Sauerrahm, Salz und Pfeffer verrühren, über den Porree gießen und den Kuchen im vorgeheizten Rohr bei 200°C 45 Minuten backen.

Paradeiser mit Reis-Fisch-Fülle

4 *große* Fleischparadeiser
Öl, Salz, Pfeffer

Fülle:

20 *dag frisches*
Kabeljaufilet
Öl, 1 Zwiebel, Basilikum
1/8 *l Reis*
10 *dag Parmesan*
1 *Ei*
1/2 *Becher Crème*
fraîche

Fein gehackte Zwiebel in Öl anrösten, kleingeschnittenes Kabeljaufilet dazugeben, salzen, mit gehacktem Basilikum bestreut kurz in der Pfanne ziehen lassen und zum Auskühlen wegstellen. Reis kochen. Paradeiser waschen, oberes Viertel abschneiden und Rest aushöhlen. Reis mit Fisch, Zwiebel, Crème fraîche, 1 Ei und etwas Parmesan in einer Schüssel gut vermischen und damit die Paradeiser füllen. Paradeiser mit Parmesan bestreuen, mit Öl beträufeln und ca. 15 Minuten bei 200°C überbacken.

Gratinierter Karfiol

1 *größere* Rose Karfiol
etwas Salz, Zucker
Öl, Brösel

Béchamelsauce:

3 *dag* Butter
3 EL *Mehl*
ca. 1/2 *l Milch*
1 *Eidotter*
4 TL *Parmesan*
evtl. gehackter Schinken
oder Wurst

Die Karfiolrose entblättern, etwa 1/2 Stunde in kaltem Salzwasser auswässern. Den Strunk kreuzweise einschneiden, die Rose in Salzwasser, dem man ein Mokkalöfferl Zucker beigefügt hat, nicht zu weich kochen.

Aus Butter, Mehl und Milch bereitet man eine Béchamelsauce, indem man das Mehl in der Butter leicht anrösten läßt, das Gefäß vom Feuer nimmt, mit einem Viertelliter kalter Milch aufgießt und mit dem Schneebesen verrührt. Das Ganze noch einmal aufs Feuer stellen und gut verkochen lassen. Wieder vom Feuer nehmen und mit zwei EL kalter Milch und einem darin verrührten Eidotter legieren. Dann Reibkäse unter die Sauce mischen. Den gekochten Karfiol gut abtropfen lassen, in eine ausgefettete Bratenform legen, die mit Bröseln bestreut wurde. Die Gratiniersauce über den Karfiol gießen und etwas Parmesan darüberstreuen. Nun ins vorgewärmte Backrohr stellen und bei starker Hitze (200-220°C) goldbraun überbacken und heiß servieren.

Bohneneintopf mit Rindfleisch

50 *dag grüne Bohnen*
50 *dag Erdäpfel*
2 *Zwiebeln*
60 *dag Schulterspitz vom*
Rind
2 *dag Schweineschmalz*
1/4 *l heiße Fleischbrühe*
1/2 TL *Salz*
1 M*sp. weißer Pfeffer*
3 EL *Paradeismark*
2 *Zweige Bohnenkraut*
50 *dag Paradeiser*
1/2 TL *getrockneter*
Rosmarin
2 EL *gehackte Petersilie*

Wenn nötig, die Fäden von den Bohnen abziehen. Die Bohnen kalt abwaschen und in etwa 4 cm lange Stücke schneiden. Die Erdäpfel und Zwiebeln schälen, waschen und würfeln. Das Rindfleisch in gleich große Würfel schneiden. Das Schweineschmalz in einem großen Topf erhitzen. Die Zwiebelwürfel darin glasig braten. Die Fleischwürfel dazugeben und unter Umwenden in 7 bis 8 Minuten von allen Seiten braun anbraten. Die Fleischbrühe über das Fleisch gießen. Salz, Pfeffer und Paradeismark unterrühren. Das Bohnenkraut dazugeben und alles zugedeckt
15 Minuten kochen lassen. Dann die grünen Bohnen und die Erdäpfelwürfel zum Fleisch geben und alles weitere 20 Minuten kochen lassen. Inzwischen die Paradeiser überbrühen, häuten, vierteln, vom harten Stielansatz befreien und die Paradeisviertel noch einmal teilen. Die Paradeisstücke mit dem zerriebenen Rosmarin zum Eintopf geben und weitere 10 Minuten kochen lassen. Das Bohnenkraut herausnehmen und mit Petersilie bestreut servieren.

Gefüllte Melanzani

2 Melanzani	Die Melanzani längs halbieren; das Frucht-
1/2 EL Salz	fleisch aushöhlen und kleinschneiden, Melan-
10 dag durchwachsener	zani und innen salzen. Den Speck würfeln.
Speck	Die Zwiebeln und die Knoblauchzehe schälen
2 Zwiebeln	und feinhacken. Die Paradeiser überbrühen,
1 Knoblauchzehe	häuten und in kleine Stücke schneiden. Die
4 Paradeiser	Champignons putzen und blättrig schneiden.
20 dag Champignons	Den Backofen auf 200°C vorheizen. Den Speck
30 dag gegarter Reis	anbraten. Die Zwiebeln, den Knoblauch, die
1/2 TL Salz und	Champignons und das Melanzanifleisch hinzu-
Paprikapulver	fügen und unter Umwenden anbraten. Die
1 Msp. Pfeffer und	Paradeiser dazugeben und alles zugedeckt
gemahlener Kümmel	5 Minuten dünsten. Den Reis untermischen;
1 EL gehackte Petersilie	mit den Gewürzen und der Petersilie ab-
4 EL geriebener	schmecken, die Melanzani füllen, mit Käse
Emmentaler	bestreuen und mit der Gemüsebrühe im
3/8 heiße Gemüsesuppe	Backofen ca. 40 Minuten garen. Die Brat-
1/8 l saurer Rahm	flüssigkeit mit der sauren Sahne, der ange-
2 TL Speisestärke	rührten Speisestärke, dem Paradeismark und
3 EL Paradeismark	dem Zucker verquirlen und kurz aufkochen
1 Prise Zucker	lassen.

Überbackenes Sauerkraut

50 dag Sauerkraut	Nudelig geschnittene Zwiebel und Wurst in
1 Zwiebel	heißem Öl anschwitzen lassen, Sauerkraut und
75 dag Erdäpfel	etwas Kümmel beigeben und weich dünsten.
20 dag Wurst	Die Erdäpfel extra kochen, schälen, passieren,
etwas Milch	mit Milch und Butter zu einem Püree verarbei-
Butter	ten. Eine Auflaufform fetten, mit Bröseln aus-
Brösel	streuen, dann abwechselnd schichtweise Erd-
Öl	äpfelpüree und Sauerkraut einfüllen. Zuletzt
Salz, Kümmel	eine Schicht Erdäpfelpüree obenauf geben.
	Mit Butterflocken belegen und eine halbe
	Stunde im Rohr überbacken.

Gebratene Sauerkrautkrapfen

10 *dag durchwachsener*
Speck
1 *kg Sauerkraut*
Salz
1 *Prise Kümmel*
30 *dag Nudelteig*
1 *Ei*
1 *Lorbeerblatt*
3 *Wacholderbeeren*
10 *dag Butter*

Den in sehr kleine Würfel geschnittenen Speck anrösten, mit dem Sauerkraut vermischen und mit Salz und Kümmel würzen.
Den Nudelteig in zwei Rechtecke von 40 mal 30 cm ausrollen und auf der Längsseite zwei Drittel des Nudelteiges mit Sauerkraut belegen. Am oberen Ende mit Ei bestreichen und einrollen. Aus jedem Strudel sechs gleich große Stücke schneiden und an den Enden etwas zusammendrücken. Sie werden dann in Salzwasser mit dem Lorbeerblatt und den Wacholderbeeren (oder in Selchsuppe) bei schwacher Hitze ca. 10 Minuten gekocht. Man sollte nicht alle auf einmal kochen. Die Sauerkrautkrapfen abtropfen lassen und in heißer Butter auf beiden Seiten braten. Zum Schluß mit der Bratbutter übergießen.

Heidensterz

1 *l Wasser*
Salz
60 *dag Heidenmehl*
Wasser
20 *dag Schweineschmalz*
15 *dag Selchspeck*

Heidenmehl rasch in siedendes Salzwasser einlaufen lassen (ohne Rühren) es bildet sich ein Knödel. Den Knödel zugedeckt in Wasser schwimmend kochen lassen (ca. 10 Minuten), Knödel umdrehen und ca. 10 Minuten weiterkochen lassen. Den gekochten Knödel in eine Pfanne mit heißem Schmalz geben und mit der Gabel in grobe Brocken reißen, nach und nach mit dem Kochwasser aufgießen und im heißen Rohr ausdünsten lassen. Beim Anrichten heiße ausgelassene Speckgrammeln darübergießen.

Sauerkrautstrudel

50 dag Sauerkraut
5 dag Zwiebel
Salz
Kümmel
1/4 l Wasser
15 dag Mehl
1 EL Öl
75 cl lauwarmes Wasser
etwas Salz;
10 dag Käse
(Emmentaler)
5 dag Kaminwurzen
20 dag Bauchspeck
1/16 l Rahm, 1 Ei
1 EL Paprikapulver

Das Sauerkraut mit der feingeschnittenen Zwiebel, etwas Salz und Kümmel in Wasser ungefähr 30 Minuten dünsten lassen und kalt stellen. Das Mehl auf ein Brett geben und in die Mitte eine Vertiefung machen. Das Öl, Wasser und Salz dazugeben und alles mischen. Den Teig gut kneten, eine Kugel formen und mit Öl bestreichen. Anschließend 30 Minuten rasten lassen. In der Zwischenzeit den Käse und die Kaminwurzen in kleine Würfel schneiden und zum kalten Sauerkraut geben. Der Speck wird in Scheiben geschnitten. Rahm, Ei und Paprikapulver verrühren.
Strudelteig ausziehen, 2/3 des Teigblattes mit Speckscheiben und Sauerkraut belegen, mit Rahm übergießen. Strudel einrollen und bei 180°C backen.

Kohlrouladen auf Sauerkraut

8 große Blätter eines
Kohlkopfs
6 dag durchwachsener
Räucherspeck
1 geschälte Zwiebel
1 roter Paprika
7,5 dag Langkornreis
1/2 l Fleischbrühe
20 dag Faschiertes
1 Ei, Salz und Pfeffer
1/4 TL Majoran
1 EL Paprikapulver,
edelsüß
40 dag Sauerkraut
1 EL Butter
2 EL Paradeismark
oder Ketchup
1 EL Sauerrahm

Einen großen Kohlkopf 5 Minuten kochen, 8 Blätter ablösen, die Rippen flach abschneiden. Speck und Zwiebel würfeln, anbraten. Reis darin glasig dünsten, mit 1/4 l Brühe 15 Minuten garen. Paprika vierteln, entkernen und würfeln. Mit Hackfleisch, Ei und Reis mischen, mit Salz, Pfeffer, Majoran und Paprika würzen. Blätter füllen, aufrollen und dabei von beiden Seiten einschlagen.
Butter über milder Hitze schmelzen. Sauerkraut hineingeben, Kohlrouladen nebeneinander drauflegen. Übrige Brühe und Ketchup verquirlen, dazugießen. Zugedeckt dünsten. Vor dem Anrichten mit etwas Sauerrahm begießen.
Übrigen Kohl für Salat, als Gemüsebeilage oder für einen Eintopf verwenden.

Sauerkrautkuchen

20 dag Mehl
10 dag Butter
4 cl Wasser
1 Prise Zucker
1 Prise Salz
25 dag Sauerkraut
10 dag gekochte Erdäpfel
10 dag Bauchspeck
10 dag Zwiebel
1 dag Butter
Pfeffer, Salz, Kümmel
2 Knoblauchzehen
Majoran
2/8 l Milch
1/8 l Obers
3 Eier
Salz, Muskatnuß

Mehl, Butter, Wasser und Salz verbröseln, rasch zu einem Teig kneten und im Kühlschrank 30 Minuten rasten lassen. In der Zwischenzeit das Sauerkraut auf einem Brett mehrmals schneiden und die gekochten Erdäpfel und den Bauchspeck in kleine Würfel schneiden. Den Speck in einer Pfanne erhitzen, die feinwürfelig geschnittene Zwiebel und die Buttter hinzugeben. Ca. 5 Minuten anschwitzen, vom Herd nehmen, mit Erdäpfelwürfeln und Sauerkraut vermischen. Mit Pfeffer, Salz, Kümmel, gehacktem Knoblauch und Majoran würzen. Den Teig auf einer bemehlten Fläche ausrollen, ein rundes Teigblatt vom 26 cm Durchmesser ausstechen und als Boden in eine Tortenform legen. Mit dem restlichen Teig die Seitenwände der Tortenform 3 cm hoch auskleiden.
Die Fülle in die Form geben. In das vorgewärmte Rohr schieben und bei 180°C 10 Minuten anbacken. Dann Milch, Obers und Eier verrühren, mit Salz und Muskatnuß würzen und über dem Kuchen verteilen. Nun 30 Minuten backen.
Anrichten und heiß servieren!

Spinatpudding

1/2 *kg Spinat*	In die Rührmasse von Butter und Dottern
Salz	die in der Milch erweichten, ausgedrückten,
10 *dag Butter*	passierten Semmeln und den in ein wenig
5 *Dotter*	Wasser gekochten, abgeseihten, passierten
4 *Semmeln*	Spinat geben, mischen, würzen, zuletzt die
etwas Milch	Brösel und den Eischnee unterziehen. 1 Stun-
Muskatnuß	de in Puddingform kochen. Den Pudding kann
grüne Petersilie	man auch mit gehacktem Schinken, Selch-
5 *dag Semmelbrösel*	fleisch oder Rührei umlegt servieren.
5 *Eiklar*	
Schweineschmalz und	
Semmelbrösel für die	
Puddingform	

Spinatauflauf

1/2 *kg geschälte Erdäpfel*	Erdäpfel in Salzwasser kochen, abseihen,
1 /8 *l Milch*	Butter und heiße Milch beimengen, würzen
3 *dag Butter*	und pürieren. Spinat kochen, fein hacken und
Salz	mit etwas Milch, Mehl und Butter verrühren,
Muskat	sodaß ein sämiger Brei entsteht. In eine befet-
3/4 *kg Spinat*	tete Auflaufform kommt zunächst eine Schicht
1 /4 *l Milch*	Erdäpfelpüree und darauf eine Lage Spinat-
2 *dag Butter*	creme. Nun macht man in den Spinat vier Ver-
6 *dag Mehl*	tiefungen und schlägt in jede Vertiefung ein Ei
4 *Eier*	ein. Obenauf wird etwas geriebener Käse
3 *dag geriebener Käse*	gestreut. Der Auflauf wird im Backrohr bei
	mittlerer Hitze gebacken.

Bröselkarfiol

1 Rose Karfiol	Die unzerteilte Karfiolrose 1/2 Stunde in Salz-
1 Ei	wasser weichkochen. Abtropfen lassen und
Petersilie	anrichten. Während des Kochens ein Ei hart
2 EL Semmelbrösel	kochen und kleinhacken. 2 EL Semmelbrösel
	in Butter anrösten und mit dem Ei vermischen.
	Über den angerichteten Karfiol geben und mit
	reichlich gehackter Petersilie bestreuen.

Fenchel mit Paradeiser-Schinken-Sauce

4 Knollen Fenchel	Von den Fenchelknollen die äußeren Blätter
(ca. 1 kg)	entfernen. Das Fenchelgrün abschneiden,
2 EL Öl	waschen, trockenschleudern, kleinschneiden
1/4 l Geflügelbrühe	und zugedeckt aufbewahren. Von den Fenchel-
1/8 l Weißwein	knollen die Stiele kürzen und die Knollen
3 EL Paradeismark	halbieren. Öl in einem Topf erhitzen und die
1 EL Mehl	Fenchelknollen von beiden Seiten darin hell-
je 1 Msp. getrockneter	braun anbraten. Die Geflügelbrühe erhitzen
Oregano und Basilikum	und mit dem Wein zu den Fenchelknollen
20 dag Geselchtes	gießen. Den Fenchel zugedeckt etwa 25 Minu-
1 Prise weißer Pfeffer	ten garen. Die weichen Fenchelknollen aus
1 Msp. Zucker	dem Sud nehmen und warm stellen. Paradeis-
2 EL frisch geriebener	mark mit dem Mehl mischen. Die Schmor-
Parmesankäse	flüssigkeit mit dem Paradeismark verrühren
	und unter Umrühren 3 Minuten leicht kochen
	lassen. Die getrockneten Kräuter zerreiben
	und unter die Sauce rühren. Das Geselchte
	kleinwürfeln und in die Sauce geben. Die
	Sauce mit Pfeffer und Zucker abschmecken.
	Die Schinkensauce über die Fenchelknollen
	gießen. Den Parmesankäse darüberstreuen.
	Dazu paßt mit wenig kleingeschnittenem
	Fenchelgrün bestreuter Reis.

Paradeiskuchen mit Guß

20 *dag* Blätterteig
60 *dag* Paradeiser
3 Eier
je 1 Msp. *Salz und*
weißer Pfeffer
1/2 TL *frisch gehacktes*
Basilikum
5 EL Crème fraîche
1 EL *geschmolzene*
Butter
5 *dag frisch geriebener*
Käse

Blätterteig bereiten und auf einer bemehlten Arbeitsfläche rund ausrollen. Die Tortenform kalt ausspülen, den Blätterteig hineinlegen und einen Rand formen. Backofen auf 200°C vorheizen. Die Paradeiser überbrühen, häuten, in kleine Stücke schneiden und dabei die harten Stielansätze entfernen; auf dem Teigboden verteilen. Eier mit Salz, Pfeffer und Basilikum verquirlen. Nach und nach die Crème fraîche und die geschmolzene Butter unterrühren. Die Masse über die Paradeiser gießen und den Käse über die Füllung streuen. Den Kuchen im Backofen auf der mittleren Schiene 8 Minuten bei 220°C backen. Hitze dann auf 180°C zurückschalten und den Kuchen in weiteren 25 Minuten fertig backen. Wenn der Belag gegen Ende der Garzeit zu dunkel wird, deckt man ihn mit Alufolie ab. Den Paradeiskuchen möglichst heiß servieren. Auch als Vorspeise geeignet.

Spinatschnitzel

3/4 *kg* Spinatblätter
1 Ei
1 *kleine* Zwiebel
1 *dag* Schmalz
Petersiliengrün
Salz, Pfeffer
zum Panieren Eier,
Semmelbrösel,
25 *dag* Butterschmalz

Milcheinmach:
je 2 *dag* Schmalz *und* Mehl,
ca. 1/8 *l* Milch

Spinat kochen, mixen oder faschieren. Den Spinat mit dem Ei und der Milcheinmach binden, mit der gerösteten Zwiebel, Petersilie, Salz und Pfeffer würzen. Daraus flache Schnitzel formen, in Ei und Brösel wenden und in heißem Butterschmalz backen.

Topfenlaibchen

1 *kg* Erdäpfel	Die gekochten Erdäpfel werden passiert
40 *dag* Mehl	und mit den übrigen Zutaten zu einem Teig
Salz	verarbeitet, den man fingerdick auswalkt,
Muskatnuß	Laibchen aussticht und in heißem Schweine-
1 Msp. Natron	schmalz bäckt.
1/2 *kg* trockener,	
passierter Topfen	
Schweineschmalz zum	
Backen	

Topfennockerl

50 *dag* Topfen
4-6 Eier
saurer Rahm oder Milch
50 *dag* Mehl
12 *dag* Butter zum
Abschmalzen

Der Topfen wird passiert und mit Rahm, Eiern, Mehl und Salz vermischt. Nun läßt man Butter heiß werden, gibt die mit einem Löffel geformten Nockerl hinein und läßt sie zugedeckt dünsten, bis sie zum Prasseln beginnen.
Nun gießt man etwa 1/8 l Rahm mit Milch versprudelt darüber, läßt die Nockerl nochmals aufkochen und überzuckert sie.

Eierschöberl

4 *altbackene Semmeln*	Semmeln in Scheiben schneiden, mit kalter
1/4 *l Milch*	Milch übergießen, aufweichen lassen, das
4 *Eier*	Ganze dann mit versprudelten, leicht gesal-
1 *Prise Salz*	zenen Eiern übergießen und zu einer bröcke-
Fett	ligen Masse durchrühren. Ein eigroßes Stück

Fett oder Butter in eine runde Pfanne geben, heiß werden lassen, die Semmelmasse darauf verteilen, im Rohr steif backen. Zum Auftragen in Dreiecke schneiden. Als Beilage grünen Salat servieren.

Eierknödel

50 *dag gekochte Erdäpfel*	Erdäpfel fein reiben, mit Mehl, Ei, weicher
1 *Ei*	Butter und Salz vermengen. Rasten lassen,
15 *dag Mehl*	dann eigroße Teigteile schüsserlförmig aus-
3 *dag Butter*	einanderdrücken, jedes Teigschüsserl mit
Salz	1 Eßlöffel Eierspeis mit gehackter Petersilie
Eierspeis von 5 Eiern	versehen, die Teigschüsserln zu nahtlosen
Petersilie	Knöderln formen und in schwach kochendem
10 *dag Brösel*	Salzwasser 12 bis 15 Minuten offen kochen
10 *dag Butter*	lassen. Inzwischen Brösel in heißer Butter

goldgelb rösten, die abgetropften gekochten Knödel darin wälzen und am Herdrand eine Weile durchziehen lassen. Als Beilage grünen Salat servieren.

Pilzgulasch

50 dag Austernpilze
1 große Zwiebel
2 dag Butter
4 dag Mehl
1/8 l Weißburgunder
1/4 l Rindsuppe
1/8 l Sauerrahm
Pfeffer, Salz und
Kümmel

Gehackte Zwiebel und blättrig geschnittene Pilze in Butter glasig braten. Mit Mehl stauben und mit Weißwein und Rindsuppe aufgießen. Nach ca. 10 Minuten den Sauerrahm unterrühren, mit den Gewürzen abschmecken.

Erdäpfel-Brokkoli-Strudel mit Kräuterrahmsauce

Teig:
25 dag glattes Mehl
25 dag Topfen
25 dag Butter
1 Ei
etwas Salz
Fülle:
50 dag geschälte rohe
Erdäpfel
50 dag überkochte
Brokkoliröschen
1 Becher Sauerrahm
1 EL Sonnenblumenöl
1 TL Erdäpfelsalz
etwas Muskatnuß
Sauce:
Kräuter
Österkron
Sahne

Für den Teig alle Zutaten zusammenkneten und ca. 20 Minuten zugedeckt im Kühlschrank rasten lassen.
Die Erdäpfel grob raspeln, die Brokkoliröschen auskühlen lassen. Den Sauerrahm mit Öl und den Gewürzen vermischen. Die Erdäpfel darunterheben und auf den inzwischen ca. 1/2 cm dicken ausgewalkten Topfenteig streichen. Die Brokkoli daraufstreuen, den Strudel einrollen, auf ein leicht eingefettetes Blech geben und im Rohr ca. 45 Minuten bei 180°C backen. Auf den fertigen Strudel heiße Butter mit Majoran streichen.
Für die Kräuterrrahmsauce gehackte Kräuter in Butter leicht anschwitzen lassen, etwas Österkron beigeben und mit Sahne übergießen. Einkochen lassen und dabei ständig rühren, da die Sauce sonst leicht anbrennt.

Jägerpfanne

25 *dag Steinpilze*
6 *Eier*
6 *EL Milch*
1 *Bund Schnittlauch*
1 *EL Sonnenblumenöl,*
kaltgepreßt
1 *dag Butter*
Pfeffer, Butter, Salz
5 *dag Hamburgerspeck*

Milch und Eier mixen, Schnittlauch einrühren und daraus eine Eierspeis bereiten. Grob geschnittene Steinpilze in Fett gut anbraten, in Streifen geschnittenen Hamburgerspeck glasig anlaufen lassen. Beides über die Eierspeis geben. Mit Braterdäpfeln und frischem Salat servieren.

Gefüllte Erdäpfel

12 *große Erdäpfel*

Pilzfülle:

25 *dag Pilze (Steinpilze oder Champignons)*
1 *Zwiebel*
Butter
1 *Ei*
Salz, Pfeffer
Majoran
4 *dag Fett*
1/4-1/2 *l Wasser*
Salz

Die Erdäpfel schälen und aushöhlen. Pilze putzen, mit dem Ausgehöhlten der Erdäpfel fein hacken und mit der gehackten Zwiebel in Butter andünsten. Man gibt das geschlagene Ei sowie die Gewürze hinzu und läßt alles kurz aufkochen. Erdäpfel damit füllen und mit dem Deckel wieder zudecken. Die Knollen stellt man nebeneinander in eine befettete Auflaufform und bräunt sie leicht an. Man gießt nach Bedarf kochendes Wasser zu und läßt die Knollen dämpfen.

Kohlrabi mit Schwämmen

2 Kohlrabi	Geschälte und grobnudelig geschnittene
Petersilie, Schnittlauch	Kohlrabi vermischt man mit dem Feinge-
Zwiebel	hackten der zarten Kohlrabiblätter, etwas
10 dag Schwammerl	Petersilie, Schnittlauch und Zwiebel. In
4 dag Butter	Auflaufform Butter auflösen, Gemüse dazu-
Zitronensaft, Kümmel	geben und zugedeckt fast weich dünsten.
Knoblauch	Indessen schneidet man die gut gesäuberten
2 EL Sauerrahm	Pilze ebenfalls grobnudelig, würzt sie mit
Salz	etwas Zitronensaft, ein wenig Kümmel und
1 Ei	zerdrücktem Knoblauch, fügt alles zum Kohl-
	rabi und dünstet noch 10 Minuten zugedeckt
	weiter. Zuletzt wird das Ei mit Sauerrahm und
	einer Prise Salz abgesprudelt, über die Kohl-
	rabi gegossen, einmal aufgekocht und sogleich
	serviert.

Gebratene Melanzani

2 Melanzani	Die geschälten Melanzani (Eierfrucht) wird in
Salz, Pfeffer	halbzentimeterdicke Scheiben geschnitten,
Zitronensaft zum	die mit dem Messer etwas eingekerbt werden,
Beträufeln	damit sie besser durchbraten können. Mäßig
Sonnenblumenöl zum	gesalzen und gepfeffert, läßt man sie in
Herausbacken	heißem Öl von beiden Seiten langsam weich
	braten.
	Vor dem Servieren mit Zitronensaft beträufeln.
	Mit Erdäpfeln servieren.

Lammbrust gerollt – Rezept auf Seite 42

Gebratenes Wildhendl mit Pilzfülle – Rezept auf Seite 66

Melanzanireis

2 Melanzani, geschält 20 dag Champignons 10 dag Reis Minze, Oregano, Dill, Petersilie Salz, Pfeffer 10 dag Parmesan 5 dag kaltgepreßtes Sonnenblumenöl	Die Melanzani schälen und würfeln, Champignons blättrig schneiden. Den Reis halb weich kochen. Melanzani, Reis, Champignons, Gewürze gut vermischen, mit Öl begießen, in eine Pfanne füllen und ca. 1/2 Stunde dünsten, den Parmesan leicht daruntermischen.

Sprossenkohl mit Kastanien

80 dag Sprossenkohl 1 1/2 l Wasser 1 Teelöffel Salz 40 dag Kastanien 1 l Wasser 5 dag Butter 2 EL Honig 1/4 l Gemüsebrühe je 1 Prise Salz und geriebene Muskatnuß	Vom Sprossenkohl die äußeren schlechten Blättchen entfernen, die Strünke kürzen und die Kohlröschen waschen. Das Wasser mit dem Salz zum Kochen bringen, Sprossenkohl einlegen und zugedeckt bei schwacher Hitze 20 Minuten kochen lassen. Für die Kastanien das Wasser zum Kochen bringen. Die Kastanien am spitzen Ende kreuzweise einschneiden, ins kochende Wasser geben und zugedeckt bei starker Hitze 20 Minuten kochen lassen. Den Sprossenkohl in ein Sieb gießen und abtropfen lassen. Die Kastanien abgießen, schälen und die innere Haut abziehen. Die Butter mit dem Honig unter ständigem Rühren erhitzen. Die Kastanien hinzufügen und dann wenden. Die Gemüsebrühe erhitzen, zu den Kastanien gießen und alles zugedeckt 10 Minuten dünsten. Den Sprossenkohl zu den Kastanien geben, bei äußerst schwacher Hitze darin noch einmal gut erwärmen und mit dem Salz und dem Muskat abschmecken. Paßt auch gut als Beilage zu Lammkoteletts oder Wildbraten.

Ennstaler Krapfen

50 *dag Roggenmehl*
1/2 *l Magermilch*
Buttermilch oder Wasser
nach Bedarf
Salz
Butterschmalz
Graukäse

Mehl sieben, salzen, mit Flüssigkeit zu einem festen Teig kneten, eine halbe Stunde rasten lassen. Dann zu einer Rolle formen, davon je 4 cm dicke Scheiben schneiden, diese auf bemehltem Brett messerrückendick auswalken. Die Teigflecken in heißem Schmalz schwimmend auf beiden Seiten rasch backen. Die gebackenen Flecken zugedeckt warm stellen, dann mit grauem Käse bestreuen und wie Palatschinken zusammenfalten. Man kann sie auch mit gerösteten Fleischresten oder mit Marmelade füllen.

Polenta mit Schafkäse

20 *dag Maisgrieß*
1 *l Wasser*
20 *dag Schafkäse*
4 *dag Butter*
1 *EL Süß- oder*
Sauerrahm
Paprikapulver
Muskatnuß
Salz

Wasser, Salz und 1 Prise geriebene Muskatnuß aufkochen. Maisgrieß dazugeben und unter Rühren so lange kochen, bis ein ziemlich fester Brei entsteht. Feuerfeste Form befetten und lagenweise abwechselnd Maisbrei und Schafkäsewürfel hineingeben, mit Käselage abschließen. Schließlich mit Rahm übergießen,
mit Paprikapulver bestreuen und ca. 20 Minuten bei 200°C überbacken.

Türkentommerl

15 *dag* Butter
4 Dotter
2 EL *Zucker*
1 *l* Milch oder Apfelsaft
1/2 *kg* Maismehl
4 Eiklar
1/2 *kg* Äpfel

Butter, Dotter und Zucker fein abtreiben, das mit Milch verrührte Maismehl und den steifgeschlagenen Schnee unterheben. Die Masse in eine befettete Form geben, mit Apfelspalten belegen und 45 Minuten bei 180-200°C backen.

Erdäpfellaibchen

75 *dag mehlige* Erdäpfel
20 *dag* Edamer
2 EL *Sojamehl*
10 *dag* Vollweizenmehl
Schweinefett
Majoran, Muskat, Salz

Erdäpfel kochen, heiß passieren, in kleine Würfel geschnittenen Käse und die übrigen Zutaten daruntermengen, würzen und salzen. Laibchen formen und in heißem Schweinefett braten.

Getreidelaibchen

50 dag Weizenschrot
2 Zwiebel
2 Paprika
3 Paradeiser
3 Eier
Salz, Paprikapulver
Majoran, Knoblauch
grüne Kräuter
Gemüsebrühwürfel
20 dag Käse
Brösel, Butter

Weizenschrot mit den Eiern gut verrühren, evt. etwas Wasser dazugeben. Eine Stunde quellen lassen. Feingeschnittene Zwiebel und Gemüse in Butter anschwitzen lassen, Brühwürfel darin auflösen; würzen und zur Getreidemasse geben; auskühlen lassen. Dann den gewürfelten Käse dazugeben, durchmischen und abschmecken. Laibchen formen, in Brösel wenden und in Butter goldgelb backen.

Zwiebelkuchen

25 dag Topfen
25 dag Butter
25 dag Mehl
Salz

Belag:

35 dag Zwiebel
2 Eier
Pfeffer, Salz
Bohnenkraut
15 dag geriebener Käse
2 dag Öl

Topfen mit Butter abbröseln, Mehl dazumischen, salzen und zusammenkneten. Den Teig kühl rasten lassen. Für die Fülle ringelig geschnittene Zwiebel anrösten und weich schmoren. Vom Herd nehmen und auskühlen lassen. Dann die Eier nach und nach dazugeben und mit Salz, Pfeffer und Bohnenkraut würzen. Nun den Teig halbieren, zu zwei Rechtecken ausrollen, jeweils die Hälfte der Fülle auf den Teigplatten verteilen und mit geriebenem Käse bestreuen. Nun die Teigränder darüberschlagen. Bei ca. 200°C 20-30 Minuten hellbraun backen.

Süße Hauptgerichte

Nußbuchteln

50 *dag glattes Mehl*
1/4 *l Milch*
4 *dag Germ*
10 *dag Butter*
5 *dag Kristallzucker*
geriebene Schale einer
halben Zitrone
1 *Prise Salz*

Fülle:

20 *dag geriebene*
Walnüsse
1/4 *l Milch*
6 *dag Kristallzucker*
1 *Prise gemahlener Zimt*
geriebene Schale einer
halben Zitrone
1 *kleines Stamperl Rum*
12,5 *dag Butter zum*
Bestreichen
Staubzucker zum
Bestreuen

Milch aufkochen lassen und die Nüsse einrühren; vom Feuer nehmen, mit Zitronenschale, Zimt, Zucker und Rum verfeinern und die Masse erkalten lassen.
Süßen Germteig zubereiten und an einem warmen Ort gehen lassen. Den Teig auf einer bemehlten Arbeitsfläche kleinfingerdick ausrollen und mit einem Krapfenausstecher (6 cm Durchmesser) Kreise ausstechen; in der Mitte dieser Teigkreise setzt man jeweils einen Teelöffel Fülle und dreht sie dann zu „Buchteln" ein; den restlichen Teig wieder zusammenkneten, ausrollen und wiederum Teigkreise ausstechen; diesen Vorgang so oft wiederholen, bis der Teig aufgebraucht ist. Eine Bratpfanne oder Auflaufform gut mit Butter ausfetten; die restliche Butter zerlassen und mit der Hälfte davon die Buchteln bestreichen; sodann die Buchteln schön nebeneinander in die Pfanne setzten und etwa um die halbe Höhe aufgehen lassen; anschließend im vorgeheizten Backrohr bei 200°C zu schöner goldbrauner Farbe anbacken; vorsichtig aus dem Rohr nehmen, mit der restlichen Butter bestreichen und bei 180°C fertigbacken.

Scheiterhaufen

4-6 *Semmeln*	Semmeln blättrig schneiden, Milch, Ei, Salz
1 *kg Äpfel*	und Zucker verrühren, über die Semmel-
ca. 1/2 l Milch	schnitten gießen und aufweichen, dann
1-2 *Eier*	abwechselnd Semmelschnitten und blättrig
1 *Prise Salz*	geschnittene, geschälte Äpfel mit Rosinen in
8 *dag Zucker*	eine gefettete Auflaufform geben, obenauf
Butter	ein Stückchen Butter legen und das Ganze
Rosinen	im Rohr (180-200°C, Backzeit ca. 1/2 Stunde)
	knusprig backen.

Zwetschkenstrudel

Strudelteig:	Mehl, Salz, Öl, Essig, Wasser zu einem ge-
24 *dag glattes Mehl*	schmeidigen Teig bereiten. Mit Öl bestreichen
1 EL *Öl*	und warm rasten lassen.
1/8 *l lauwarmes Wasser*	Zwetschken waschen, halbieren und entker-
1 *Sprinkel Essig bzw.*	nen. Der dünn ausgezogene Strudelteig wird
Zitronensaft	mit Butter betropft, in Butter gerösteten
Salz	Bröseln, Zwetschken und Zucker bestreut
Fülle:	und weiterhin wie ein Apfelstrudel behandelt.
10 *dag Butter*	
10 *dag Brösel*	
1 *kg Zwetschken*	
12 *dag Zucker*	
Fett zum Bestreichen	
Butter für das Blech	
Zucker zum Bestreuen	

Apfel-Topfen-Auflauf

50 *dag passierter Topfen* 3 *Eier* 6 *dag Grieß* 1 *Pkg. Backpulver* 1 *Pkg. Vanillezucker* 2 *EL Rahm* 10 *dag Zucker* *Salz* 50 *dag Äpfel* *Zitronensaft*	Äpfel schälen, in Scheiben schneiden, mit Zitronensaft beträufeln, unter Topfenmasse (Topfen, Eier, Grieß, Backpulver, Vanillezucker, Rahm, Salz) mengen, in gebutterter Auflaufform bei 180°C im Rohr backen.

Apfel-Palatschinken

Palatschinken:

16 *dag Dinkelmehl*
4 *Eier*
1 *Prise Salz*
Milch nach Bedarf
2 *EL Sonnenblumenöl,*
Schweineschmalz
zum Backen

Apfelmus:

60 *dag säuerliche Äpfel*
Saft einer Zitrone
etwas Zimt- und
Nelkenpulver
1/8 *l Weißwein*
Zucker nach Geschmack
Mandelblättchen und
Zimt zum Bestreuen

Eier mit Salz und Mehl verrühren und etwa eine halbe Stunde ruhen lassen (Zimmertemperatur). Das Eier-Mehlgemisch mit Milch zu einem glatten Teig verrühren, in den man noch zwei Eßlöffel Sonnenblumenöl einarbeitet.

Apfelmus:

Die Äpfel schälen, vierteln und das Kerngehäuse entfernen; die Apfelspalten im Wein, gewürzt mit Zitronensaft, Zimt- und Nelkenpulver sowie Zucker nach Geschmack, sehr weich dünsten; durch die flotte Lotte treiben, eventuell noch mit Zitronensaft und Zucker abschmecken und warmhalten.
In einer Palatschinkenpfanne nacheinander dünne Palatschinken ausbacken; mit Apfelmus bestreichen und zusammenrollen. Mit gerösteten Mandelblättchen und Zimt bestreut servieren.

Heidelbeerschmarrn

1/4 l Milch
50 dag Honig
4 EL Weizenmehl
4 Eier
abgeriebene Schale einer
halben Zitrone
5 dag Butter
2 EL Sonnenblumenöl,
kaltgepreßt
25 dag Heidelbeeren
Honig nach Geschmack

Milch, Honig und Mehl verrühren. Dotter unterrühren, Eiklar zu steifem Schnee schlagen und unterziehen. Zitronenschale dazugeben. Butter und Öl in einer Pfanne zerlaufen lassen, die Masse einfüllen und zugedeckt von beiden Seiten hellbraun backen. Mit zwei Gabeln zerstechen. Die Heidelbeeren mit Honig süßen und kalt oder warm zum Schmarrn reichen.

Topfenschmarrn auf Erdbeermark

50 dag passierter Topfen
25 dag Sauerrahm
3 EL Grieß
1 EL Maizena
5 Eier
2 EL Zucker
Salz
Zitronenschale
Vanillezucker
Rosinen
1/2 Liter Erdbeermark
Cointreau

Eier teilen, Schnee schlagen, alle Zutaten zusammenrühren, Schnee unterheben. In eine Pfanne mit Butter gießen und im Rohr bei 200°C ca. 15 Minuten backen. Mit einem Löffel Stücke ausstechen, auf mit Cointreau verfeinertem Erdbeermark anrichten, anzuckern und mit Minzeblättchen garnieren.

Milchbrein

2/3 Flüssigkeit (halb Milch, halb Wasser)
1/3 Brein (Hirse oder Heiden)
Salz, Zitronenmelisse
Weinbeeren, Butter

Brein und Wasser mit einer Prise Salz zuerst kochen. Erst nach halber Kochzeit umrühren, warme Milch gegen Schluß der Garzeit beigeben. Mit Zitronenmelisse würzen, Weinbeeren beigeben und mit etwas Butter darauf servieren.

Milchreis

1 l Milch
12 dag Reis
1 Prise Salz
Zucker, Zimt

In kochende, leicht gesalzene Milch den gut gewaschenen Reis geben, weich kochen, mit Zucker und Zimt bestreut anrichten. Man kann auch geriebene Schokolade darüberstreuen.

Milchkoch

16 dag Grieß
Mehl oder Polenta
3 dag Zucker
1 Prise Salz
1 1/2 l Milch
Butter

In die kochende Milch Grieß, Mehl oder Polenta mit Zucker und Salz einlaufen lassen, so lange rühren, bis ein dicklicher Brei entsteht. Ein Stück Butter dazugeben.

Milchfleck

ca. 30 dag Mehl
Salz
1-2 Eier
1/4-1/2 l Milch nach
Bedarf
Butter
Grieß

Aus Mehl, Salz, Eiern und Milch nach Bedarf einen weichen Nudelteig kneten, kleine Laibchen machen und zugedeckt etwas rasten lassen. Dann auf mehlbestäubtem Brett zu runden Flecken messerrückendick auswalken, mit zerlassener Butter bestreichen, mit Grieß dünn bestreuen, wie Palatschinken zusammenrollen. In eine Pfanne siedender, leicht gesalzener Milch geben. Zugedeckt auf dem Herd gar kochen (ca. 15-20 Minuten). Die Milch darf dabei nicht ganz verkochen. In der Pfanne servieren.

Beilagen

Champagner-Apfel-Kraut

60 *dag Weißkraut*
Salz
grob gemahlener Pfeffer
Kümmel
5 *dag Butter*
1/4 *l trockener Sekt*
40 *dag säuerliche Äpfel*
15 *dag Zwiebel*
Petersilie zum Garnieren

Geschälte Zwiebel in feine Ringe schneiden.
Vom Krautkopf die äußeren Blätter, groben
Rippen und den Strunk entfernen; danach
vierteln und das Kraut in feine Streifen schneiden. Die Äpfel schälen und ohne Kerngehäuse
achteln.
Die Zwiebelringe in Butter glasig dünsten; das
Kraut zugeben, mit Salz, Pfeffer und Kümmel
würzen und auf kleiner Flamme 15 Minuten
kochen; nach und nach mit dem Sekt aufgießen und die Äpfel dazugeben. Zugedeckt
auf kleiner Flamme kernig weich dünsten, anrichten und vor dem Auftragen mit Petersilie
garnieren.
Champagnerkraut ist eine köstliche Beilage zu
gebratenem Fleisch oder Geflügel.

Ingweräpfel

1 1/2 *kg säuerliche Äpfel*
einige Gewürznelken
30 *dag Kristallzucker*
1 *Zimtstange*
Saft und Schale einer
Zitrone
1 TL *Ingwer*
1/2 *l Essig* (4,5 %)

Die Äpfel waschen, schälen und vierteln; vom Kerngehäuse befreien und mit dem Zitronensaft beträufeln. Den Essig mit dem Kristallzucker, der Zimtstange, der Zitronenschale, sowie Gewürznelken und Ingwer in einem Topf zum Kochen bringen.
Die Apfel einlegen und etwa 5 Minuten lang auf kleiner Flamme köcheln lassen. Ein großes oder zwei kleine Einsiedegläser heiß ausspülen, die Ingweräpfel einfüllen und die Gläser verschließen, im heißen Wasserbad bei 90°C zugedeckt ein halbe Stunde dünsten lassen.
Die Ingweräpfel eignen sich als Beilage zu gebratenem Rind-, Kalb- oder Schweinefleisch, passen aber ebensogut zu Wildgerichten.

Kastanienpüree

10 *dag Kastanien*
15 *dag Sellerie*
5 *dag Butter*
Salz und Pfeffer
Cognac nach Bedarf
1/8 *l Schlagobers*

Kastanien werden geschält, mit einem Stückchen Sellerie weich gekocht, passiert, im Schneekessel bei schwacher Hitze ausgedünstet, mit Butter, Salz, Pfeffer und Madeira gewürzt und so viel Schlagobers dazugegeben, daß eine geschmeidige Masse entsteht. Man hält das Püree im Wasserbad warm und belegt es zum Anrichten mit kleinen Butterstückchen, damit es nicht austrocknet. Hervorragende Beilage zu Wildgerichten.

Karottensalat

1/2 kg Karotten 2 Äpfel 1 Paprika 1 kleine Dose Champignons 5 dag Erbsen 3 EL saurer Rahm 1 Joghurt Salz, Pfeffer Zitronensaft Prise Zucker je 1 EL gehackte Petersilie und Schnittlauch	Rohe Karotten in Scheiben, Äpfel und Paprika in Würfel schneiden, mit Champignons, Erbsen, Joghurt, saurem Rahm und Gewürzen vermischen.

Gegrillter Schafkäse

4 Paradeiser Salz, Pfeffer, Knoblauch Butter 4 Scheibchen Schafkäse	4 Paradeiser oben kreuzweise einschneiden, mit Salz, Pfeffer und Knoblauch würzen und etwas Butter in die Einschnitte drücken. Vier Scheiben Schafkäse zusammen mit den Paradeisern in eine feuerfeste Form setzen. Im Backrohr goldbraun überbacken. Mit Schnittlauch bestreuen und mit Stangenweißbrot servieren oder auch als Beilage zu Steaks, Kotelettes oder Grillspießen.

Pilze mit Polenta

25 *dag* Pilze
1 Zwiebel
2 *dag* Butter
Petersilie
Salz
1/8 l Rindsuppe
1 Ei
4 *dag* Maismehl

Blättrig geschnittene Pilze und feingehackte Zwiebel in Butter anrösten, gehackte Petersilie beifügen, würzen und mit 1/8 l Rindsuppe aufgießen. Die Flüssigkeit mit Polentamehl binden, kurz weitergaren und schließlich ein versprudeltes Ei darübergeben.

Zwetschkenröster

1 *kg entkernte*
Zwetschken
20 *dag* Staubzucker

Die Zwetschken werden geöffnet, entkernt, mit Zucker bestreut und so lange gekocht, bis die Zwetschken genügend weich sind, was man daran erkennt, daß sich die Schalen einrollen. Man kann ein paar Gewürznelken und ein Stückchen Zimtrinde, in ein Mullsäckchen gebunden, das man nach dem Kochen entfernt, mitkochen lassen. Hierauf füllt man den Röster in Gläser, die man luftdicht verschließt, und kocht ihn 10 Minuten in Dunst.

Weißweinsauce für Fischgerichte

10 *dag* Fischabfälle
2 *dag* Butter
Pfefferkörner, Salz
1 Zwiebel
1/16 l Weißwein
(Weißburgunder)
3 Dotter

Fischabfälle mit Butter, Pfefferkörnern, Salz, grob geschnittener Zwiebel und 1/16 l Weißwein 10 Minuten langsam kochen lassen und abseihen. Den überkühlten Sud mit drei rohen Dottern über kochendem Wasser dicklich sprudeln und die Sauce zu gekochten Fischen servieren.

Blaukrautsalat

1/2 Blaukrautkopf
2 mit der Schale
geriebene Äpfel
2 EL Öl
2-3 EL Zitronensaft
etwas geriebener Kren
je 1 Prise Salz, Zucker
und Nelken

Das Blaukraut sehr fein schneiden, hobeln oder raffeln. Danach noch in einer Schüssel mit einem Fleischklopfer klopfen, damit es zarter und saftiger wird. Nach dieser Vorbereitung das Kraut mit den anderen Zutaten gut vermischen und zugedeckt gut durchziehen lassen.

Pikanter Sauerkrautsalat

80 dag Sauerkraut
1 große Zwiebel
1 große Gewürzgurke
3 Scheiben frische
Ananas
1/8 l naturreiner
Ananassaft
4 EL Gurken-
Einlegeflüssigkeit
2 EL Distelöl

Das Sauerkraut mit zwei Gabeln in einer großen Schüssel lockern. Die Zwiebel schälen und sehr fein hacken. Die Gewürzgurke kleinwürfeln. Die Ananasscheiben schälen und in feine Spalten schneiden. Den Ananassaft mit der Gurkenflüssigkeit und dem Distelöl verrühren. Die Zwiebelwürfel, die Gurkenwürfel und die Ananasspalten mit der Salatsauce unter das Sauerkraut heben. Den Salat bei Raumtemperatur zugedeckt etwa 20 Minuten durchziehen lassen.

Wenn Sie den Sauerkrautsalat von besonders lieblicher Geschmacksrichtung bevorzugen, so mischen Sie noch 10 dag heiß gewaschene, abgetropfte Rosinen unter das Kraut. Möchten Sie den Salat aber eher würziger und sättigender, so lassen Sie die Ananas weg und geben 20 dag Thunfisch aus der Dose mit dem Öl unter das Sauerkraut. Das Distelöl und den Ananassaft läßt man dann ebenfalls weg. Für die pikante, säuerliche Note 6 EL von der Gurkenflüssigkeit verwenden und nach Geschmack noch mit Apfelessig würzen.

Weinkren

1 *kleine Stange Kren*
2 *kleine Äpfel*
1/4 *l Weißwein*
Saft von 1/2 *Zitrone*
Zitronenschale
1 *EL Zucker*
Salz, Pfeffer

Wein mit Zitronensaft, etwas abgeriebener Zitronenschale und Zucker verrühren. Geriebenen Kren und geriebene Äpfel daruntermischen, abschmecken. Paßt zu Fondue und Grillspeisen.

104

Bohneneintopf mit Rindfleisch – Rezept auf Seite 74

Jägerpfanne – Rezept auf Seite 85

Buffet, Jause

Brathuhnplatte

1 Huhn
Salz, weißer Pfeffer
1 Prise Thymian
Hühnersuppe zum
Aufgießen
20 dag Sellerie
20 dag Karotten
20 dag Erbsen
1 Becher Crème fraîche
Zitronensaft
Salz, Pfeffer
Salatblätter
Essiggurkerln und
Petersilie zum Garnieren

Das Huhn vorbereiten, mit Salz, Pfeffer und Thymian innen und außen würzen und dressieren. Im vorgeheizten Backrohr bei 200°C ca. eine Stunde lang braten; hin und wieder mit Hühnersuppe aufgießen. Das Huhn auskühlen lassen und vor dem Anrichten tranchieren.

Salat:

Sellerie und Karotten schälen und in kleine Würfel schneiden; in Salzwasser kernig kochen und mit kaltem Wasser abschrecken; Erbsen blanchieren und ebenfalls kalt abschrecken. Crème fraîche mit Zitronensaft, Salz und Pfeffer würzig abschmecken; mit Sellerie, Karotten und Erbsen vermischen und kaltstellen.
Auf einer mit Salatblättern ausgelegten Platte zusammen mit den Hühnerfleischstücken anrichten und mit Essiggurkerln und Petersilie garnieren.

Kürbiskern-Nußbrot

50-60 dag Weizenvollmehl 10 dag Weizenschrot 3 dag Germ Salz 3/8 l warme Milch 8-10 dag Kürbiskerne 8-10 dag Walnüsse	Mehl und Germ in die Teigschüssel geben, Salz und erwärmte Milch dazugeben, einen mittelfesten Germteig bereiten, den Teig gehen lassen. Kürbiskerne ohne Fett rösten, aussieben und Walnüsse grob schneiden. Beides unter den Teig kneten, einen Wecken formen und in den befetteten Römertopf geben. Der Teig muß wieder gut gehen und wird dann ca. 1 Stunde bei einer Temperatur von 220-240°C gebacken. Nach dem Backen das Brot mit warmer Milch bestreichen.

Buchweizenlaibchen mit Kümmel

50 dag Buchweizen, fein vermahlen 2 dag Salz 2,5 dag Germ 3 dag Johannisbrot-kernmehl etwas Sauerteig 2 dag Kümmel 1 dag Koriander ca. 1/4 l Wasser	Buchweizen mit Kümmel und Koriander fein vermahlen. Sauerteig, Buchweizenmehl und Wasser zu einem Teig mischen. Diesen fünf Stunden stehen lassen. Germ im restlichen Wasser auflösen und mit sämtlichen anderen Zutaten zu einem Teig mischen. Diesen 30 Minuten liegen lassen und abermals kräftig durchmischen. Nach einer weiteren Teigruhe von 30 Minuten aufarbeiten. Teigstücke mit 7 dag abwiegen und zu Laibchen formen. Auf das gefettete Backblech setzen, mit Wasser bestreichen und mit Kümmel bestreuen. Nach einer Gehdauer von ca. 30 Minuten in den vor-geheizten Ofen mit 240°C geben. Wassergefäß hineinstellen, vorsichtig etwas Wasser in das Rohr schütten und bei 210°C fertigbacken.

Fischaufstrich

1 Ei	Öl langsam in das verrührte Ei einlaufen las-
Senf, Salz, Zucker,	sen, mit Senf, Salz, Zucker, Pfeffer würzen und
Pfeffer	mit Joghurt strecken; unter die Mayonnaise
1/8-1/4 l Öl	die zerkleinerten Sardinen (2 Dosen), Schnitt-
Joghurt nach Bedarf	lauch, Petersilie, Salz und feingehackte Eier
2 Dosen Sardinen	mischen.
Schnittlauch, Petersilie	
Salz	
3 hartgekochte Eier	

Topfenkrenkäse

8 dag Butter	Butter schaumig rühren, die restlichen Zutaten
25 dag Topfen	untermischen.
1/8 l Sauerrahm	
3 EL geriebener Kren	
Salz, Pfeffer,	
Schnittlauch	

Leberaufstrich

1/4 kg Leber	Leber kurz braten und dünsten, Topfen und
1/4 kg Topfen	Sardelle fein passieren, Essiggurkerl und
1 Sardelle	Zwiebel fein schneiden und mit Butter fein
1 Essiggurkerl	verrühren; mit Salz abschmecken, wenn nötig
1 kleine Zwiebel	ein wenig Milch oder Rahm untermengen,
10 dag Butter	damit die Masse streichfähig wird.
Salz	
Milch oder Rahm nach	
Bedarf	

Kräuteraufstrich

10 dag Butter
1/2 kg Topfen
Salz
1 Knoblauchzehe
1 feingehackte Zwiebel
verschiedene Kräuter
(Schnittlauch, Petersilie,
Basilikum, Kresse)

Butter, Topfen, Salz, Knoblauch, feingehackte Zwiebel und verschiedene Kräuter gut verrühren.

Nußbrot

20 dag glattes Mehl
10 dag Rosinen
20 dag Kristallzucker
10 dag gehackte Haselnüsse
10 dag gehackte Walnüsse
4 Eier
Fett und Mehl für die Kastenform

Aus den Teigzutaten wird ein feiner Teig bereitet: die Dotter mit einem Drittel des Zuckers sehr schaumigrühren; die Eiklar mit dem restlichen Zucker zu seidigem, festen Schnee schlagen; dann die Walnüsse und die Haselnüsse unter die Dottermasse rühren; den Schnee vorsichtig unterheben; zuletzt das Mehl mit den Rosinen vermengen und ebenfalls darunterziehen. Diese Masse füllt man nun in eine gefettete und bemehlte Kuchenform und läßt sie im vorgeheizten Backrohr bei 175°C 60-70 Minuten langsam ausbacken. Den Kuchen in der Form erkalten lassen, aus der Form lösen und in Portionen aufschneiden.

Kürbiskernstangerl

1 kg Weizenvollmehl
ca. 1 l Wasser
3 dag Germ
1 EL Honig
2 dag Salz
2 EL Butter oder kaltge-
schlagenes Öl
gemahlener Fenchel und
Koriander
1/4 kg geriebene
Kürbiskerne

Mehl und Germ in eine Schüssel geben. Honig, Salz, Öl und geriebene Kürbiskerne dazugeben und mit lauwarmem Wasser einen Germteig bereiten und ca. 1/2 Stunde gehen lassen. Stangerl formen, mit Wasser oder Ei bestreichen und bei 180°C backen. (Wasser ins Rohr stellen).

Rosinenweckerl

50 dag Weizenvollmehl
50 dag Weizenmehl
4 dag Germ
8 dag Fett
4 dag Zucker
1/2 l Milch
2 Eier
15 dag Rosinen
Rum, Vanillezucker
Salz

Mehl und Germ in eine Schüssel geben. Milch, Fett erwärmen, abkühlen. Eier und Zucker sowie die Geschmackszutaten dazugeben, einen mittelfesten Germteig bereiten. Rosinen unter den Teig kneten. Nach dem Aufgehen des Teiges Weckerl formen. Die Weckerl aufgehen lassen. Vor dem Backen mit Ei bestreichen. Im vorgeheizten Backrohr bei 200°C ca. 20 Minuten backen.

Vollkornbrot mit Leinsamen

1 *kg Roggenvollmehl* 1 *kg Weizenvollmehl* 1/2 *kg Roggenmehl* 12 *dag Sauerteig* 2 *dag Germ* 2 *gestrichene EL Salz* *Gewürze: Kümmel, Anis,* *Fenchel, Koriander* 20 *dag Leinsamen* *ca.* 1-1 1/2 *l Wasser*	Am Vortag Mehl richten, Sauerteig in Wasser auflösen und in das Mehl einrühren. Leinsamen in 1/2 l Wasser einweichen. Am nächsten Tag Mehl würzen, Germ hineinbröseln, die Zutaten trocken mischen, Wasser zugießen. Teig gut durchkneten und gehen lassen. Wenn sich das Teigvolumen verdoppelt hat, Teig ausformen, in befettete Kastenformen geben und nochmals aufgehen lassen. Backrohr auf 220°C vorheizen. Backzeit ca. 1 1/2 Stunden.

Kräuterbrot

20 *dag Weizenmehl* 30 *dag Weizenvollmehl* 3 *dag Germ* 1 *EL Salz* 1/4 *l Milch* 3 *dag Butter* 2 *Eier* 1/2 *TL Pfeffer* *Kräuter: Kresse,* *Schnittlauch, Petersilie,* *Dill, Estragon, Liebstöckl* *Milch zum Bepinseln*	In Mehlmulde Dampfl anrühren und nach 15 Minuten Gehzeit mit feingehackten Kräutern, Butterflocken und Milch zum Teig verarbeiten und abschlagen, bis der Teig Blasen wirft. Weitere 40 Minuten gehen lassen und in Kastenformen geben, einschneiden und zugedeckt nochmals 15 Minuten gehen lassen. Mit Milch bepinseln und bei 200°C 30-40 Minuten backen.

Melonen-Bowle

4 EL *Wasser*
4 *dag Zucker*
1 *Zitrone*
6 *ccm Maraschino*
1 *kg Melonenwürfel von*
Zucker- oder
Honigmelone
2 *Flaschen*
Weißburgunder,
gut gekühlt
1 *Flasche gut gekühlter,*
trockener Sekt

Das Wasser erwärmen und den Zucker darin auflösen, den Zitronensaft und den Maraschino zufügen. Die Melonenwürfel in das Bowlengefäß geben und mit dem Sirup übergossen 60 Minuten im Kühlschrank ziehen lassen und den Wein zugießen. Kurz vor dem Servieren mit Sekt auffüllen.

Nachspeisen, Torten, Gebäck

Steirischer Nußkranz

Rührteig:

25 dag Butter
20 dag Honig
6 Eier
1 Msp. Salz
Schale von einer Zitrone
25 dag Walnüsse
3/8 l Milch
40 dag Dinkel
3 TL Backpulver

Guß:

5 EL 40%iger Rum
5 EL Wasser
5 dag Akazienhonig

Butter und Honig cremig rühren und unter ständigem Rühren Eier nacheinander dazugeben. Salz, abgeriebene Zitronenschale und fein geriebene Walnüsse dazurühren. Frisch gemahlenes Dinkelmehl mit Backpulver mischen und abwechselnd mit der Milch zum Teig rühren. Teig in eine gefettete, gebröselte Kranzform füllen und bei 175°C auf unterster Schiene ca. 1 Stunde backen. Fertigen Kuchen auf ein Kuchengitter stürzen. Rum, Wasser und Honig gut verrühren und die Flüssigkeit langsam und gleichmäßig über den warmen Kuchen gießen.

Mostschaum

1/2 l Apfelmost
20 dag Zucker
6-8 Dotter

Most mit Zucker und den Dottern über Dunst schaumig schlagen, wegnehmen und kalt weiterschlagen. Überkühlt anrichten.

Ramsauer Hochzeitskrapfen

1 kg Mehl	In lauwarmer Milch Zucker und Germ ver-
8 dag Germ	sprudeln, Butterschmalz zerlassen, Mehl
20 dag Butterschmalz	mit Salz, Rosinen und Anis vermischen, alles
10 dag Zucker	zusammen zu einen mittelfesten Teig gut
Salz	kneten. Den Teig warm stellen und gut gehen
15 dag Rosinen oder	lassen. Mit dem Eßlöffel mittelgroße Bällchen
Dörrobst	ausstechen und zu Kugeln schleifen. Wieder-
etwas Anis, je nach	um aufgehen lassen und dann mit dem Nudel-
Geschmack	walker rund ausrollen. In der Mitte ein kleines
1/4 l Milch	Loch stechen und im heißen Fett schwimmend
3 Eier	herausbacken. Die ausgekühlten Krapfen mit
	Staubzucker bestreuen.

Almraunkerl

1 kg Mehl	Aus den Zutaten einen Mürbteig bereiten,
20 dag Butter	nach dem Rasten auswalken, mit einem
20 dag Zucker	Ausstecher Herzformen ausstechen und
1/4 l saurer Rahm	diese in heißem Fett backen.
Salz	
Zimt	
Schweineschmalz	

Fruchtsalat aus allerlei Dörrobst

je 10 dag getrocknete Äpfel, Marillen, Bananen, Feigen, Zwetschken und Birnen Honig nach Geschmack 1/2 l Weißwein ein Stückchen Zimtrinde einige Gewürznelken 1 Stamperl Rum ein Stückchen Zitronenschale

Dörrobst in kleine Stücke schneiden; alle Früchte gut mit Wasser waschen und mit frischem, kalten Wasser bedeckt einige Stunden quellen lassen. In diesem Wasser die Früchte 12-15 Minuten lang kochen und auf einem Sieb abtropfen lassen; danach mit Wein und Gewürzen vermengen; auf kleiner Flamme aufkochen und einige Minuten köcheln lassen; nach dem Erkalten anrichten.

Apfelschüssel

50 dag Äpfel 5 EL Zucker 1 EL Zimt Brösel Butter 1/8 l Welschriesling

Äpfel schälen, Kerngehäuse entfernen und in Scheiben schneiden. Eine Auflaufform dick mit Butter ausstreichen und mit Bröseln bestreuen. Äpfel, lagenweise mit Bröseln, Zucker und Zimt durchstreut, einfüllen. Den Wein zugießen. Mit Bröseln und Zucker bestreut und mit Butterflocken belegt im heißem Rohr (180-200°C) zu schöner Farbe backen.

Apfelkuchen Schwarz-Weiß

14 *dag Butter*	Butter, Zucker und Dotter schaumig rühren.
10 *dag Staubzucker*	Mit Rum angefeuchtete Brösel, geriebene
4 *Dotter*	Haselnüsse, Zimt und Vanillezucker bei-
3 *dag Brösel*	mengen. Äpfel blättrig schneiden und mit
etwas Rum	Zitronensaft und Rum beträufeln. Teig in zwei
14 *dag geriebene*	Teile teilen; davon einen Teil mit 1 EL Kakao
Haselnüsse	und Rum vermengen. In befettete und aus-
Zimt	gezuckerte Kastenform zuerst den dunklen
Vanillezucker	Teig geben, Äpfel darauf und hellen Teig über
3 *saure Äpfel*	die Äpfel geben. Ca. 14 Minuten bei 180-200°C
Zitronensaft	backen.
1 EL *Kakao*	

Feine Apfelschnitten

24 *dag Butter*	Mürbteig zubereiten. 2/3 des Teiges für Boden
30 *dag Mehl*	ca. 3 mm dick auswalken, und bei 210°C
8 *dag Zucker*	5 Minuten vorbacken.
6 *Dotter*	Marzipan mit etwas Rum und Zuckerwasser
1 *Pkg. Vanillezucker*	geschmeidig machen und dann dünn aus-
Zitronenschale	rollen. Auf den Mürbteigboden legen. Für
Biskuit:	das Biskuit Eier und Zucker dick schaumig
3 *Eier*	schlagen, das Mehl leicht unterheben. Die
9 *dag Zucker*	geringe Biskuitmasse über die Marzipan-
6 *dag Mehl*	schicht schieben.
Apfelfülle:	Die Äpfel werden geschält, gespalten und
2 *kg Äpfel*	mit Obers, Rum, Zucker, Zitronenschale weich-
1/8 *l Obers*	gedünstet, danach werden die Biskotten
1/16 *l Rum*	hineingebröselt und aufgestrichen.
Zitronenschale	Über die Apfelfülle kommt nun das Mürbteig-
30 *dag Zucker*	gitter, dieses wird mit Ei bestrichen und rasch
10 *dag Biskotten*	fertiggebacken.
25 *dag Marzipan*	
Rum, Zuckerwasser	

Vollkornapfelschnitten

30 dag Weizen-
vollkornmehl
15 dag Butter
8 dag Staubzucker
1 Ei
1/2 Pkg. Backpulver
1/2 Pkg. Vanillezucker
geriebene Schale einer
Zitrone

Fülle:

60 dag Äpfel
5 dag Zucker
6 dag Rosinen
1 Prise Zimt
Butter für das Blech
Ei zum Bestreichen

Mürbteig zubereiten und 2 Stunden im Kühlschrank rasten lassen. Anschließend den Teig
noch einmal durchkneten und halbieren; eine
Teighälfte auf einer bemehlten Arbeitsfläche
ausrollen und auf das befettete Blech legen.
Die Äpfel schälen, vierteln, vom Kerngehäuse
befreien und in dünne Scheiben schneiden;
mit Zucker, Rosinen und Zimt vermischen;
diese Fülle auf dem Teig verteilen; Teigrand
mit versprudeltem Ei bestreichen. Die zweite
Teighälfte ausrollen und die Äpfel damit
bedecken; rundum gut andrücken und die
Teigoberfläche mehrmals einstechen, damit
der entstehende Dampf entweichen kann; mit
Ei bepinseln und den Kuchen im vorgeheizten
Backrohr bei 200°C ca. 35 Minuten lang
backen; den ausgekühlten Kuchen in Stücke
schneiden.

Äpfel im Schlafrock

40 *dag* Blätterteig
10 *dag* Marzipan
4 *dag Staubzucker*
3 *dag Rosinen*
1 Prise Zimt
1 *Stamperl Apfelbrand*
4 *säuerliche Äpfel*
Dotter zum Bestreichen
Butter für das Blech
Staubzucker zum
Bestreuen

Den Blätterteig auf der bemehlten Arbeits-fläche ca. 3 mm dünn ausrollen; in Quadrate schneiden, die so groß sind, daß man die Äpfel darin einschlagen kann. Einen Teil des Teigs für die spätere Verzierung aufheben. Die Äpfel waschen, schälen, aus den ganzen Äpfeln das Kerngehäuse ausstechen. Marzipan mit Rosinen, Staubzucker, sowie Apfelbrand und Zimt gut verkneten und mit dieser Masse die Äpfel füllen. Auf jedes Teigquadrat einen Apfel setzen und die Teigzipfel übereinander-schlagen; den Teig mit versprudeltem Dotter bestreichen und mit dem zu Streifen geschnit-tenen Teigrest verzieren; auf das leicht befet-tete und mit Wasser bespritzte Backblech legen und im vorgeheizten Backrohr bei 220°C ca. eine halbe Stunde goldbraun backen. Vor dem Servieren mit Staubzucker bestreuen.

Saftige Apfeltorte aus Mürbteig

Teig:
22 dag glattes Mehl
8 dag Staubzucker
15 dag Butter
2 Dotter
geriebene Schale einer
halben Zitrone
1 Prise Salz
1 Pkg. Vanillezucker

Fülle:
6 süß-säuerliche Äpfel
1 Stamperl Rum
Saft einer halben Zitrone
5 dag Rosinen
4 dag geriebene,
ungeschälte Mandeln
3 Dotter
3/8 l Sauerrahm
1/8 l Crème fraîche
4 dag Staubzucker

Mehl und Staubzucker auf die Arbeitsfläche sieben, 2 Dotter in eine Vertiefung im Mehl-Zucker-Gemisch geben; Zitronenschale, Salz und Vanillezucker beifügen; gekühlte Butter in Stückchen rundum verteilen und alles rasch zu einem glatten Mürbteig verkneten; eine Stunde kühl rasten lassen. Den Teig auf einer bemehlten Arbeitsfläche etwa 4 mm dünn ausrollen; Boden und Rand der Tortenform damit auskleiden.

Die Äpfel schälen, vierteln und das Kerngehäuse entfernen; die Apfelspalten auf den Teig legen und mit Rum und Zitronensaft beträufeln, mit Rosinen und Mandeln bestreuen. Im vorgeheizten Backrohr bei 180°C ca. 25 Minuten lang backen.

Torte aus dem Rohr nehmen und mit dem glatt verrührten Gemisch aus Sauerrahm, Crème fraîche, den drei Dottern und dem Staubzucker begießen und dann bei gleichbleibender Hitze weitere 20-25 Minuten fertigbacken.

Apfelcreme mit Biskuits

Apfelcreme:

20 dag magerer, passierter Topfen
2 Eidotter
1 Prise Salz
8 dag Staubzucker
Saft und geriebene Schale einer halben Zitrone
1 kleines Stamperl Rum
1/2 Pkg. Vanillezucker
2 große, säuerliche Äpfel
1/8 l Schlagobers

Biskuit:

3 Eier
7 dag Kristallzucker
geriebene Zitronenschale
8 dag geriebene, ungeschälte Mandeln
4 dag glattes Mehl
Butter oder Schmalz zum Blechbefetten
Minzeblättchen zum Garnieren

Biskuits:

Die Eier mit etwas Vanillezucker, Zitronenschale und dem Kristallzucker über heißem Wasserbad dickcremig aufschlagen; vom Wasserbad nehmen und so lange weiterschlagen, bis die Masse erkaltet ist; die Mandeln und das gesiebte Mehl einrühren und die Masse in einem Dressiersack (glatte Tülle Nr. 12) füllen, auf ein mit Backpapier ausgelegtes Blech Biskotten aufdressieren und im vorgeheitzten Backrohr bei 190°C etwa 12 Minuten lang backen. Die Biskuits heiß vom Blech lösen und auf einem Kuchengitter erkalten lassen. Vier Dessertschalen vorkühlen.

Creme:

Den Topfen mit den Dottern, dem Salz und dem gesiebten Staubzucker, sowie Zitronensaft und -schale, Rum und Vanillezucker glatt verrühren. Das Obers steif aufschlagen; die Äpfel waschen; schälen und fein reißen; das Obers zusammen mit den gerissenen Äpfeln unter die Topfenmasse heben und in die Dessertschalen aufteilen; die Creme kaltstellen und vor dem Servieren mit Minzeblättchen und halbierten Mandelbiskotten garnieren; die restlichen Biskuits reicht man separat dazu.

Getreidelaibchen – Rezept auf Seite 92

Zwetschkenstrudel – Rezept auf Seite 94

Marzipanäpfel

2 *große* Äpfel
Saft einer halben Zitrone
12 *dag Rohmarzipan*
5 *dag Staubzucker*
2 *Dotter*
1 EL *Aranzini*
2 EL *Rosinen*
einige Korinthen
4 *dag geschälte,*
gehackte Mandeln
1 *großes Stamperl Rum*
Mandelblättchen
zum Bestreuen
Butterflocken
zum Belegen

Marzipan klein schneiden und mit dem gesiebten Staubzucker und den Dottern verkneten. Die Aranini fein hacken und mit den Rosinen, Korinthen und den Mandeln vermischen; den Rum darübergießen und dieses Gemisch eine halbe Stunde ziehen lassen; danach mit dem Marzipan verkneten und die Masse in vier gleich große Teile schneiden; jedes Viertel zu einer Kugel formen.

Die Äpfel waschen und halbieren; das Kerngehäuse und etwas Fruchtfleisch ausstechen; die Apfelhälften mit Zitronensaft beträufeln und mit Marzipanmasse füllen; mit gehobelten Mandeln bestreuen und zu guter letzt mit Butterflocken belegen; anschließend im vorgeheizten Backrohr bei 200°C etwa 20 Minuten lang braten.

Apfelflan

Teig:

30 dag glattes Mehl
20 dag Butter
10 dag Staubzucker
2 Dotter
geriebene Schale einer
halben Zitrone
1/2 Pkg. Vanillezucker

Belag:

4 mittlere Äpfel
Saft einer Zitrone
4 dag gehackte Walnüsse
8 dag
Marillenmarmelade

Das Mehl mit dem Staubzucker auf eine Arbeitsfläche sieben; die Butter in Flöckchen rundum verteilen; in der Mitte eine Mulde machen und die Zitronenschale, den Vanillezucker sowie die Dotter hineingeben; zu einem glatten Mürbteig verkneten, den man eine Stunde lang im Kühlschrank rasten läßt. Den Teig auf einer bemehlten Arbeitsfläche 1/2 cm dick ausrollen; eine Obstkuchenform damit am Rand auslegen; den Teigboden mehrmals einstechen und im vorgeheizten Backrohr bei 200°C zu heller Farbe backen; in der Form überkühlen lassen und danach auf ein Backblech stürzen. Währenddessen werden die Äpfel geschält, halbiert und vom Kerngehäuse befreit; dann schneidet man sie in dünne Scheiben und ordnet sie dekorativ auf dem Kuchenboden an; beträufelt sie mit Zitronensaft, um ein Braunwerden der Äpfel zu vermeiden. Den Kuchen nunmehr weitere 15 Minuten backen und noch heiß mit erhitzter Marillenmarmelade bestreichen; zuletzt mit Walnüssen bestreuen und erkalten lassen.

Apfelküchlein

25 *dag glattes Mehl*
3 *Eier*
9 *dag Staubzucker*
2 *dag Öl*
1/2 *TL Salz*
3/8 *l Milch*
1 *Stamperl Cointreau*
70 *dag aromatische,*
säuerliche Äpfel
6 *dag Staubzucker*
Saft einer halben Zitrone
Butter zum Ausbacken
1/8 *l Crème fraîche*
zum Füllen
Staubzucker zum
Bestreuen

Das Mehl in einen Weitling oder Kessel sieben; die Eier beifügen und gut verrühren; Staubzucker, Cointreau, Öl und Salz mit der Milch versprudeln und mit dem Mehl vermengen; diese Masse mit einer Schneerute glatt verrühren; eventuelle Klümpchen mit einem Kochlöffel zerdrücken und den Teig zwei Stunden rasten lassen.

Die Äpfel schälen, vierteln, vom Kerngehäuse befreien und grob reißen; mit Staubzucker und Zitronensaft vermischen und unter den vorbereiteten Teig heben. In einer Dalkenpfanne (Schüsselform oder Spiegeleierpfanne) etwas Butter erhitzen und je einen Eßlöffel Apfelmasse in die Vertiefung setzen; 4-6 Minuten bei mittler Hitze anbacken, die Küchlein mit einem Löffel wenden und auch an dieser Seite zu schöner Farbe backen; in eine Backpfanne umlegen und im vorgeheizten Backrohr bei 140°C nachziehen lassen. Wenn alle Küchlein gebacken sind, nimmt man sie aus dem Rohr und läßt sie etwas überkühlen. Jeweils zwei Apfelküchlein mit Crème fraîche zusammensetzen, leicht mit Staubzucker bestreuen und sofort servieren.

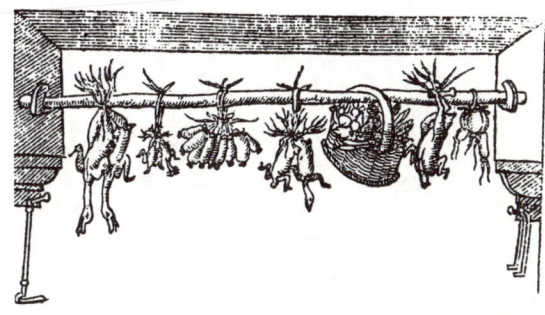

Gestürzter Apfelreis

30 *dag gekochter*
Langkornreis
1/8 *l Schlagobers*
1 *Stamperl Cointreau*
1 *Pkg. Vanillezucker*
30 *dag säuerliche Äpfel*
Saft einer Zitrone
10 *dag Kristallzucker*
ein Stückchen Butter
4 *Blatt Gelatine*
1 *Prise Salz*
1 *Orange*

Die Äpfel schälen, halbieren und das Kerngehäuse entfernen; in Scheiben schneiden und mit einem Stückchen Butter, dem Zitronensaft und dem Zucker 8-10 Minuten lang auf kleiner Flamme dünsten (achten Sie darauf, daß die Äpfel nicht zerfallen!); erkalten lassen. Die Orange in dünne Scheiben schneiden und mit einem passenden, runden Ausstecher sechs schöne Scheiben Fruchtfleisch ausstechen. Die Förmchen ölen und mit jeweils einer Orangenscheibe auslegen.
Die Gelatine in kaltem Wasser 10 Minuten vorweichen, ausdrücken und in etwas Cointreau bei schwacher Hitze auf der Kochplatte verflüssigen (darf nicht kochen). Das Obers mit dem Vanillinzucker aufkochen, den Reis dazugeben und dicklich einkochen lassen; vom Feuer nehmen und die gut ausgedrückte Gelatine sowie den Cointreau einrühren; mit einer Prise Salz verfeinern und überkühlen lassen. Nun füllt man die Masse abwechselnd mit den Äpfeln in die vorbereiteten Förmchen und stellt sie 3-4 Stunden in den Kühlschrank; vor dem Stürzen taucht man die Förmchen kurz in heißes Wasser. Je nach Geschmack können Sie den Apfelreis auch mit Himbeersaft - mit etwas Rotwein verbessert - zu Tisch bringen.

Äpfel mit Schaumcreme

4 große, säuerliche Äpfel
5 dag Zucker
1/2 l Wasser
1/2 l Weißburgunder
Saft und Schale einer
Zitrone
3-4 Nelken
etwas Zimtrinde
10 dag Marillen-
marmelade
1 Stamperl Rum
3 dag Rosinen
1/8 l Milch
3 Dotter
8 dag Staubzucker
1 Pkg. Vanillezucker
1/4 l Schlagobers
gehackte Walnüsse zum
Bestreuen
Himbeersauce zum
Garnieren

Äpfel waschen, schälen und das Kerngehäuse ausstechen; zu Wasser und Wein Zucker, Gewürze, Saft und Schale einer Zitrone geben, die ganzen Äpfel beifügen und auf kleiner Flamme nicht zu weich dünsten (ca. 20 Minuten lang); Äpfel herausnehmen und gut abtropfen lassen. Die Marillenmarmelade mit Rosinen und Rum verrühren.

Die ausgehöhlten Äpfel mit dieser Mischung füllen und kaltstellen. Milch mit Dottern, Staub- und Vanillezucker glatt verrühren und über heißem Wasserbad dickcremig aufschlagen und erkalten lassen. Obers schlagen und unter die Dottermasse ziehen. Die Äpfel mit dieser Schaumcreme überziehen und kaltstellen; mit Himbeersauce und gehackten Walnüssen garniert servieren.

Mürber Apfelkuchen

20 dag glattes Mehl
20 dag magerer Topfen
15 dag Butter
5 dag Staubzucker
1 Dotter
1 Prise Salz
geriebene Schale einer
halben Zitrone
50 dag säuerliche Äpfel
3 EL Zucker
1 Prise Zimt
Dotter zum Bestreichen
Mandelstiftchen zum
Bestreuen
Butter und Mehl
für das Blech

Mehl sieben, mit kalter Butter abbröseln; Staubzucker, Dotter, Salz und Zitronenschalen beifügen und den Topfen darüberbröseln; rasch zu einem glatten Teig verkneten und eine Stunde kühl rasten lassen.
Danach den Teig ca. 1 cm dick zu einem Rechteck ausrollen und jeweil zu einem Drittel übereinanderschlagen und wieder etwas ausrollen; eine Stunde kühl rasten lassen. Diesen Vorgang zweimal wiederholen und den Teig danach zur Größe des Backbleches ausrollen. Die Äpfel schälen und blättrig schneiden; auf einer Teighälfte verteilen, mit Zimt und Zucker bestreuen; die zweite Teighälfte darüber schlagen und die Ränder gut andrücken. Die Oberfläche mit Dotter bepinseln, mit Mandelstiftchen bestreuen; im vorgeheizten Backrohr bei 180°C ca. 40 Minuten lang goldgelb backen.

Kürbiskernpotitze

50 *dag Mehl* 2 *dag Germ* 1/4 *l warme Milch* 6 *dag Zucker* 2 *Dotter* 2 EL *Sonnenblumenöl, kaltgepreßt* *Salz* *Fülle:* 1/8 *l Milch* 2 EL *Honig* 15 *dag Kürbiskerne* 3 *dag Semmelbrösel* *Zimt* 2 EL *Rum* 1 *dag Germ*	Mehl salzen, Germ einbröseln und mit lauwarmer Milch, Zucker, Dotter und Sonnenblumenöl zu einem Germteig verarbeiten und gehen lassen. Honig in Milch auflösen, erhitzen, die geriebenen Kürbiskerne, Brösel, Zimt, Rum und Germ einmengen. Den Teig dünn auswalken, mit der lauwarmen Fülle bestreichen, zusammenrollen, auf ein befettetes Blech legen, gehen lassen, mit verquirltem Ei bestreichen und im Rohr bei 190°C ca. 45 Minuten backen.

Topfennockerl mit Beerensauce

20 *dag Topfen* 5 *dag Staubzucker* *etwas Zitronen und Orangensaft* 1/16 *l Milch* 1/4 *l geschlagenes Obers* 3 *Blatt Gelatine* *Fruchtsauce:* 25 *dag Früchte* 2 EL *Zucker* *Vanillezucker* *Rum, Zitronensaft* 1/8 *l Schlagobers*	Topfen, Staubzucker, Zitronen- und Orangensaft und Milch verrühren. Aufgelöste Gelatine einrühren, 1/4 l geschlagenes Obers dazugeben. Masse kaltstellen. Nockerl formen, mit der Fruchtsauce anrichten und mit frischen Beeren garnieren. *Fruchtsauce:* Alle Zutaten in ein Mixglas geben und pürieren.

Erdbeercreme

40 *dag* Erdbeeren 3 EL Zucker 1 *Pkg. Vanillezucker* 4-5 *Blatt Gelatine* 1/4 *l Schlagobers*	Roh passierte Erdbeeren werden mit Zucker nach Geschmack und Vanillezucker verrührt. Dann mengt man eingeweichte, aufgelöste Gelatine dazu und stellt kalt. Wenn die Masse anfängt dick zu werden, zieht man steifgeschlagenes Schlagobers darunter.

Erdbeerkaltschale

1/2 *l Milch* 3 *dag Butter* 2-3 *dag Maizena* 5 *dag Zucker* 2 Dotter 1 *Pkg. Vanillezucker* *Saft und Schale einer* *halben Zitrone* 1/8 *l Schlagobers* 40 *dag Erdbeeren* *Kirschbrand, Rum*	Maizena mit 1/8 l Milch verrühren und in die kochende Milch einlaufen lassen. 4 Minuten kochen lassen und mit restlicher Milch, Butter, Zucker, Dotter, Vanillezucker und Zitrone vermengen. Nach dem Erkalten das steifgeschlagene Obers einheben, mit etwas Rum und Kirschbrand abschmecken und nun reichlich in Stückchen geschnittene Erdbeeren einmengen. Man richtet in Glasschüsserln an, verziert mit Erdbeeren und Schlagobers und stellt für eine Stunde sehr kalt.

Erdbeerparfait

4 *Eier*	Eier, Dotter, Kristallzucker und Vanillezucker
2 *Dotter*	zuerst warm, dann kalt dickschaumig aufschla-
20 *dag Kristallzucker*	gen; geschlagenes Obers unterheben; Parfait-
Vanillezucker	masse schichtweise in Form füllen (eventuell
1/2 *l Obers*	mit einer Einlage von Fruchtstücken, Biskuit ...
	gemischt) und frieren; Form nach dem Ein-
Erdbeersauce:	frieren kurz mit kaltem Wasser abspülen;
25 *dag Fruchtmark*	Parfait portionieren, mit Obers und Früchten
2 EL *Zitronensaft*	garnieren; Erdbeersauce extra dazu reichen.

Erdbeerflip

40 *dag frische Erdbeeren*	Die Erdbeeren gründlich waschen und ab-
Staubzucker nach	zupfen; mit Staubzucker nach Geschmack
Geschmack	süßen und einmal aufkochen; danach durch
Saft von zwei Zitronen	ein feines Sieb streichen und vollständig
1/4 *l Joghurt*	erkalten lassen. Das Joghurt mit der Milch
1/4 *l Milch*	und dem Vanillezucker verrühren.
1 *Pkg. Vanillezucker*	Das Erdbeermark mit dem Joghurt-Milch-
2 *Eiswürfel*	Gemisch und dem Zitronensaft im Mixer
Zitronenscheiben zum	pürieren; die Eiswürfel dazugeben und
Garnieren	nochmals gut durchmixen. Den Erdbeerflip
	sogleich in vorgekühlte Gläser füllen und
	mit Zitronenscheiben dekorieren.

Erdbeerkonfekt

60 *dag frische Erdbeeren*
4 *dag Gelierpulver*
15 *dag Kristallzucker*
2 *dag Butter*
Kristallzucker zum
Wälzen

Die Erdbeeren waschen, putzen und im Mixer pürieren; 5 dag Zucker mit dem Geliermittel vermengen; das Erdbeerpüree unter ständigem Rühren mit einer Schneerute zum Kochen bringen; das Gelier-Zuckergemisch einrühren und unter fortwährendem Rühren eine Minute kochen; danach 5 dag Zucker einrühren und erneut aufkochen lassen; den restlichen Zucker und die Butter beifügen und wieder unter ständigem Rühren einige Minuten kochen; die Gesamtkochdauer soll 7-10 Minuten betragen. Nun gießt man das Gelee in eine mit Alufolie ausgekleidete Kastenform und läßt es vier Stunden lang im Kühlschrank erstarren; mit einem in heißes Wasser getauchten Messer in Würfel schneiden, in Kristallzucker wälzen - und schon ist diese süße Köstlichkeit fertig für den Genuß!

Erdbeertopfen

50 *dag Topfen*
1/4 *l Milch*
8 *dag Zucker*
5 *dag Erdbeeren*
Zitronensaft

Topfen mit Milch und Zucker verrühren. Erdbeeren waschen, entstielen und zerkleinern. Unter die Topfenmasse mischen.

Zwetschkenwurst

25 *dag Zucker*	Gedörrte Zwetschken werden gewaschen und
28 *dag gedörrte*	in Wasser weichgekocht, abgeseiht, entkernt
Zwetschken	und fein gehackt. Zucker läßt man mit Wasser
5 *dag Feigen*	bis zum Flug spinnen, gibt dann die Zwetsch-
12 *dag Nüsse*	ken hinein und kocht die Masse zu einem
5 *dag Staubzucker*	dicken Mus ein. Dann mischt man kleinwürfe-

lig geschnittene Feigen und Nüsse darunter und formt auf einem mit Staubzucker bestreuten Brett eine Wurst; erkalten und trocknen lassen und vor dem Auftragen dünnblättrig schneiden.

Kastanienauflauf

25 *dag geschälte,*	Butter mit Zucker und Eigelb schaumig rühren,
passierte Kastanien	die geschälten, passierten Kastanien, die mit
4 *dag Semmelbrösel*	Rum befeuchteten Brösel und den Eischnee
4 EL *Rum*	zugeben. Die Masse in eine befettete, mit
8 *dag Butter*	Bröseln ausgestreute Auflaufform füllen und
8 *dag Zucker*	im Rohr 40 Minuten bei Mittelhitze (180°C)
2 *Eier*	backen. Mit Weinsauce zu Tisch geben.

Kastanienpudding

20 *dag gekochte,*	Zucker, Eigelb und geriebene Schokolade
geschälte Kastanien	schaumig rühren. Gekochte, passierte Kasta-
20 *dag Zucker*	nien, mit Rum befeuchtete Brösel und den
5 *Eier*	Eischnee zugeben. Die Masse in eine befette-
5 *dag geriebene*	te, mit Zucker ausgestreute Puddingform
Schokolade	geben und 45 Minuten im Wasserbad kochen.
4 *dag Brösel*	Etwas abgekühlt stürzen, mit Weinsauce zu
4 EL *Rum*	Tisch bringen.

135

Nußstrudel

56 dag Mehl
2-3 dag Germ
6 Dotter, 10 dag Zucker
7 dag Butter
Prise Salz
Milch

Fülle:

30 dag geriebene Nüsse
20 dag Zucker
Milch

Zunächst einen Germteig mit Dampfl bereiten, nach dem Aufgehen auswalken, die Fülle auftragen, zu einem Strudel zusammenrollen, auf befettetem Backblech nochmals gehen lassen, dann im Rohr hellgelb backen. Zur Fülle geriebene Nüsse mit Zucker und etwas Milch zu einer streichfähigen Masse verrühren und etwas kochen lassen.

Nußauflauf mit Weinchaudeau

8 dag Butter
4 Eier
1 Zitrone
1 Prise Zimt
2 Semmeln
1/8 l Milch
8 dag Nüsse
2 dag Zwiebackbrösel
8 dag Zucker

Weinchaudeau:

1/4 l Weißwein
2 Eigelb
1 Ei
8-10 dag Zucker

Die Butter und das Eigelb mit einer feingeriebenen Zitronenschale und Zimt schaumig rühren. Die in Milch eingeweichten, ausgedrückten und passierten Semmeln, geriebene Nüsse und Brösel dazurühren. Zuletzt den mit Zucker ausgeschlagenen Schnee unterziehen und in eine gebutterte und mit Brösel ausgestreute Form füllen und bei 180°C etwa 45 Minuten backen. Für das Chaudeau alle Zutaten glattrühren und mit einem Schneebesen über Dampf dickschaumig aufschlagen.

Nußbeugel

25 dag Weizenmehl
2 dag Germ
12 dag Butter
2 Dotter
3 dag Zucker
Prise Salz
Milch
1 Dotter zum
Bestreichen

Nußfülle:

30 dag geriebene Nüsse
1 EL Brösel
1 TL Honig
14 dag Zucker
Zimt
3 dag Rosinen
Rum
1/8 l Milch
3 dag Butter

Mehl auf Brett sieben, Germ daraufbröckeln, mit 1 EL Milch glatt verrühren. Mit Mehl bestäuben und gehen lassen. Dann Butter, Zucker, Dotter, eine Prise Salz beigeben, alles rasch mit etwas Milch zu einem festen, geschmeidigen Teig kneten, bis er sich vom Brett löst. Dann eine Rolle daraus formen, in nußgroße Teilchen zerteilen, kurz rasten lassen. Jedes Stückchen auf möglichst unbemehltem Brett zu handtellergroßen Flecken (bzw. Rechtecken von 7x10 cm) auswalken, auf jeden Teigfleck einen gehäuften Teelöffel voll fester Fülle in Form eines Röllchens auftragen. Teig um die Fülle zusammenschlagen, jedes Stück auf unbemehltem Brett zu einer ca. 12 cm langen Wurstform drehen. Mit Dotter bestreichen, an einem warmen Ort etwa eine Stunde übertrocknen lassen, dann die Beugel in der ganzen Länge ein wenig durchdrücken, damit die abgetrocknete Dotterstreiche zerspringt, was den gebackenen Beugeln das marmorierte Aussehen gibt. Noch eine Weile ruhen lassen, dann bei Mittelhitze nicht zu rasch backen.

Nußfülle:

Geriebene Nüsse mit Bröseln, Honig, Zucker, Zimt und feingeschnittenen Rosinen vermengen, mit Rum würzen, mit Milch heiß verrühren. Auskühlen lassen.

Topfenkuchen

10 *dag Zucker*	Zucker, Butter und Dotter werden schaumig
10 *dag Butter*	gerührt und der Topfen dazu gerührt. Zum
10 *dag Topfen*	Schluß wird der steife Schnee und das mit
3 *Eier*	Backpulver und geriebenen Nüssen ver-
10 *dag Mehl*	mischte Mehl unter die Masse gezogen.
10 *dag Nüsse*	Das Ganze wird in eine gut befettete Kuchen-
1/2 *Pkg. Backpulver*	oder Tortenform gegeben und bei ca. 190°C
	gebacken.

Rotweingugelhupf

20 *dag Butter*	Butter, Zucker, Dotter schaumig rühren, Schnee
20 *dag Honig*	und Mehl unterheben und zum Schluß den
4 *Eier*	Rotwein dazugeben. In eine befettete und
25 *dag Weizenvollmehl*	bemehlte Gugelhupfform füllen. Bei 180°C
1 *Pkg. Backpulver*	ca. 50 Minuten backen.
1/2 *TL Zimt*	
1/2 *TL Gewürznelken*	
gemahlen	
3 *EL Kakao*	
1/8 *l Blaufränkischer*	
Schweineschmalz zum	
Befetten	

Preiselbeerjoghurt

2 *große* Orangen
2 TL Honig
3/4 l Joghurt
10 *dag*
Preiselbeerkompott

Orangensaft, Honig und Joghurt werden schaumig geschlagen und das Preiselbeer-kompott daruntergemischt.

Ribiselschnitten

15 *dag* Zucker
1 *Pkg.* Vanillezucker
3 Dotter
3 EL Wasser
5 *dag* Butter
25 *dag* Mehl
1/2 *Pkg.* Backpulver
1/8 l Milch

Belag:

3 Eiklar
20 *dag* Kristallzucker
1 *Pkg.* Vanillezucker
30 *dag* Ribisel

Dotter, Zucker und Wasser schaumig rühren, abwechselnd zerlassene Butter, Mehl, Backpulver und Milch einmengen. Den Teig fingerdick auf ein befettetes Blech streichen und hellgelb bei 200°C backen (10 Minuten) In den steifen Schnee löffelweise Zucker einschlagen, Ribisel und Vanillezucker einmengen. Das Gebackene mit der Schaummasse bestreichen und bei 180°C fertig backen.

Brombeerschaumtorte

2 Eier
15 *dag Staubzucker*
2 EL *Wasser*
2 EL *Sonnenblumenöl*
1 *Pkg. Vanillezucker*
10 *dag Schokolade*
12 *dag Mehl*
Backpulver

Belag:

4 *Blätter Gelatine*
15 *dag pürierte*
Brombeeren oder
Brombeermarmelade
6 *dag Staubzucker*
1/4 *l Schlagobers*
3 EL *Weißburgunder*

Dotter mit Wasser und Zucker schaumig schlagen, den steifgeschlagenen Schnee, Öl, geriebene Schokolade und das Mehl-Backpulvergemisch vorsichtig unterheben und bei 180°C im Rohr backen. Blattgelatine im kalten Wasser 10 Minuten vorquellen, ausdrücken, und in Weißwein bei leichter Erwärmung verflüssigen. In das steifgeschlagene Obers Brombeerpüree oder -marmelade und Zucker einrühren und zum Schluß die überkühlte, aufgelöste Gelatine tropfenweise unter ständigem Rühren unterheben. Diese Schaummasse gibt man über den ausgekühlten Tortenboden (damit Masse nicht abrinnt, stülpt man den Tortenring darüber). Eventuell mit frischen Früchten garnieren.

Obstsalat mit Dinkelcreme

8 *dag Dinkelmehl*
1 EL *Kakao*
ca. 1/2 *l Wasser*
1 EL *Zimt*
3 EL *Honig*
5 EL *geriebene Nüsse*
Zitronensaft
Orangensaft
1 EL *Rum*
1/7 *l Obers*
Obst nach Belieben

Das Mehl mit dem Kakao vermengen und in das kochende Wasser einrühren, kurz quellen lassen, anschließend kaltschlagen. Die übrigen Zutaten beimengen, das Schlagobers unterrühren und über den Obstsalat gießen und garnieren.

Topfennockerl mit Beerensauce – Rezept auf Seite 131

Rotweingugelhupf – Rezept auf Seite 138

Rotweinchaudeau

1/2 *l Rotwein (Zweigelt)* 20*dag Zucker* 8 *Dotter*	Rotwein, Zucker und rohe Eidotter verquirlt man zuerst kalt recht gut und schlägt das Ganze auf kleiner Flamme mit einer Schneerute dickschaumig, bis sich am Rand des Schneekessels die ersten Kochblasen zeigen. Sogleich anrichten und servieren.

Weincremetorte

ca. 55 Stk. Biskotten *Himbeermarmelade* 1/4 *l Welschriesling* 6 *dag Staubzucker* 6 *Blätter Gelatine* 2 *Eier* *Saft einer Zitrone* 20 *dag Mascarino* 1/4 *l Schlagobers* 1 *Prise Salz* *Weintrauben zum* *Garnieren*	Gelatineblätter in kaltem Wasser einweichen, gut ausdrücken und mit Wein in einem Wasserbad auf ca. 50°C erhitzen. Eier und Staubzucker schaumig schlagen. Mascarino, die heiße Gelatine und den Zitronensaft der Reihe nach unterziehen, dann sofort das gut geschlagene Obers einrühren. Eine mit Papier ausgekleidete Tortenform dicht mit an der Oberseite mit Himbeermarmelade bestrichenen Biskotten auslegen. Dünn mit Weincreme bestreichen und mit Biskotten ohne Marmelade belegen. Fortfahren bis die Form voll ist. Mit Weincreme abschließen. Einige Stunden im Kühlschrank stehen lassen. Mit einem warmen Messer aus Form lösen, mit Weintrauben, Schlagobers und Biskotten dekorieren.

Topfen-Obers-Torte

Marillenmarmelade
ca. 60 Stk. Biskotten
20 dag Topfen
7 dag Staubzucker
2 Eier
6 Blätter Gelatine
1/4 l Schlagobers
Salz
1/2 Pkg. Vanillezucker
geriebene Zitronenschale
(ungespritzt)

Gelatineblätter in kaltem Wasser einweichen, gut ausdrücken und im Wasserbad auf ca. 50°C erwärmen. Passierten Topfen, Staubzucker, Dotter und Geschmackszutaten glattrühren. Heiße Gelatine und Schlagobers unterziehen. Tortenform mit Biskotten, die einseitig mit Marmelade bestrichen sind, dicht auslegen. Darauf abwechselnd Topfencreme und Biskotten schichten, bis die Form voll ist. Mit Creme abschließen. Einige Stunden - am besten über Nacht - kaltstellen. Mit nassem Messer aus der Form lösen und mit frischen Erdbeeren oder Himbeeren und geschlagenem Obers garnieren.

Traubenkuchen

1 Pkg. Blätterteig
1 kg Trauben
3/4 Tasse Zucker
2 Tassen Mandeln
3-4 Eier
1/8 l Schlagobers

Den Blätterteig bereiten, auswalken und ein Kuchenblech damit belegen. Die Trauben abpflücken, waschen und einzuckern. Die gemahlenen Mandeln mit 1 Ei, 2 EL Zucker und 1/2 Tasse Obers verrühren. Den Teigboden mit der Mandelmasse bestreichen, die Trauben einfüllen. Die übrigen Zutaten gut vermengen und darübergießen. Bei 230°C eine Stunde backen.

Melonen-Portweingelee-Gugelhupf

1/4 *l Rotwein*
1/4 *l Portwein*
12 *dag Zucker*
1 EL *Zitronensaft*
8 *Blatt Gelatine*
1 *Honigmelone*
(sonnengereifte steirische
Honigmelonen sind
im August erhältlich)

Rotwein, Portwein, Zitronensaft und Zucker erhitzen, bis sich der Zucker völlig aufgelöst hat. Gelatine in kaltem Wasser einweichen, ausdrücken, im Wein auflösen und kalt rühren (am besten auf Eiswürfeln). Gugelhupfform für ca. 5 Minuten in den Tiefkühler stellen; die Form muß vor dem Einfüllen der Masse gut gekühlt sein. Form mit Gelee füllen. In den Kühlschrank stellen. Sobald eine ca. 1/2 cm dicke Schicht Gelee an den Wänden der Form gestockt ist, die Form aus dem Kühlschrank nehmen und das noch flüssige Gelee behutsam in eine Schüssel abgießen. Melone halbieren, entkernen und das Fruchtfleisch mit einem Ausstecher in Kugelform ausstechen. Eine Schicht Melonenkugeln in die Gugelhupfform legen und mit Gelee bedecken. Form in den Kühlschrank stellen und diese Schicht stocken lassen. Diesen Vorgang mit den restlichen Melonenkugeln und dem Gelee wiederholen. Gefüllte Form für ca. 4 Stunden in den Kühlschrank stellen und die Masse komplett stocken lassen.

Weintraubentorte

4 Eier
12 dag Kristallzucker
1/2 Pkg. Vanillinzucker
1 Prise Salz
13 dag glattes Mehl
2 EL Kakaopulver
Butter und Mehl für die Form

Creme:

1/4 l fertiger Vanillepudding
40 dag Weintrauben
12 dag Staubzucker
1 großes Stamperl Cognac
3/8 l Schlagobers
6 Blatt Gelatine
1/4 l Schlagobers
Schokoladespäne
geschälte Weintrauben, Kirschen und Schokoladespäne zum Verzieren

Die ganzen Eier mit dem Kristall- und Vanillezucker sowie einer Prise Salz über dem heißen Wasserbad dickcremig aufschlagen; vom Wasserbad nehmen und so lange weiterschlagen, bis die Masse erkaltet ist. Das Mehl mit dem Kakaopulver versieben und löffelweise unter den Eierabtrieb rühren; in eine gebutterte und bemehlte Tortenform füllen und im vorgeheizten Backrohr bei 190°C etwa 35 Minuten lang backen; die Torte in der Form erkalten lassen, nach zwei Stunden Ruhezeit aus der Form lösen und in zwei Böden schneiden. Die Weintrauben waschen, schälen, halbieren und entkernen; im Mixer fein pürieren und danach durch ein feines Sieb streichen. Den Vanillepudding ebenfalls durch ein feines Sieb streichen und mit dem Weintraubenmark glatt verrühren. Das Obers steif aufschlagen; die Gelatine in kaltem Wasser vorweichen, gut ausdrücken und im warmen Cognac auflösen; dann zusammen mit dem Obers und dem gesiebten Staubzucker vorsichtig unter das Puddinggemisch ziehen. Einen der Tortenböden in die gereinigte Form zurücklegen und die Creme einfüllen; mit dem zweiten Boden abschließen und die Torte für drei Stunden in das Tiefkühlfach, sowie für weitere zwei Stunden in den Kühlschrank stellen; aus der Form lösen und an Rand und Oberfläche mit Schlagobers bestreichen; portionsweise Rosetten aufdressieren und mit Weintrauben und Kirschen garnieren. Die Torte mit Schokoladespänen bestreuen.

Birnenrohkost

4 Birnen
Saft einer Zitrone
8 Datteln
5 dag Walnüsse
2 EL Honig
5 dag Rosinen
Schlagobers und
Kiwischeiben zum
Dekorieren
Kristallzucker zum
Bestreuen

Die Birnen schälen, halbieren und das Kerngehäuse entfernen; vier Birnenhälften grob hacken und mit der Hälte des Zitronensaftes gut vermengen; die anderen vier Birnenhälften mit dem restlichen Zitronensaft einreiben und kühlstellen. Die Datteln entkernen und hacken; die Nüsse ebenfalls hacken und mit den Datteln, den Rosinen, den Birnenstücken und dem Honig vermischen. Die Birnenhälften sodann auf einem schönen Glasteller auflegen, die gehackten Früchte daraufhäufen und mit Kristallzucker bestreuen. Zuletzt verziert man jede Birnenhälfte mit ungesüßtem Schlagobers und einer Kiwischeibe und bringt diesen fruchtigen Rohkostteller sogleich zu Tisch.

Sulmtaler Spagatkrapfen

56 dag Mehl
28 dag Butter
6 EL Obers
Salz
etwas Wein
4 Dotter
2 Eier
fein geriebene
Zitronenschale
Backfett
Zimt und Zucker

Einen Mürbteig bereiten, rasten lassen, messerrückendick auswalken, Vierecke (10 cm Länge) ausschneiden, auf die Blechröhren binden, in heißem Fett backen, herausnehmen, den Faden entfernen, vorsichtig abstreifen und in Zimtzucker eintauchen.

Strauben aus Heidenmehl

1 kg Heidenmehl
1 1/2 l kochendes
Salzwasser
40 dag Weizenmehl
1 Prise Salz
5 Eier
1/2 l saurer Rahm
1 kg Schweineschmalz
Staubzucker

Heidenmehl mit kochendem Wasser langsam übergießen, bis ein Knödel entsteht. Mit beiden Händen das Weizenmehl, Salz, Eier und Rahm daruntermengen, den Teig schmiegsam kneten. Eine Stunde an einem warmen Ort rasten lassen. Dann kleinfingerdick ausrollen, auf der Spitze gestellte Vierecke ausschneiden und in heißem Schmalz auf beiden Seiten goldbraun backen. Mit Staubzucker bestreut servieren.

Gugelhupf

12,5 dag Butter
8-10 Dotter
1/4 l Milch
1 TL Germ
12,5 dag Mehl
Prise Salz
2 EL Zucker
25 dag Weinbeeren
Butter und Brösel für die
Form
Staubzucker

Butter schaumig rühren, nach und nach die Dotter und die lauwarme Milch dazurühren, dann restliche Zutaten einrühren. Eine Gugelhupfform mit Butter einfetten, mit Bröseln ausstreuen, den Teig in die Form füllen, zugedeckt eine halbe Stunde gehen lassen und dann goldbraun backen. Aus der Form stürzen und mit Staubzucker bestreuen.

Potitze

50 dag Mehl
6 dag Zucker
6 dag Butter
2 dag Germ
Prise Salz
1/4 l Milch
1 Ei
1 Dotter
geriebene Zitronenschale
Fett für die Form
Zucker zum Bestreuen

Nußfülle:

15 dag geriebene Nüsse
25 dag Brösel
6 dag Zucker
2 dag Honig
1/8 l Milch
Zitronenschale
2 EL Rum
Vanillezucker
Rosinen

Mohnfülle:

15 dag geriebener Mohn
10 dag Brösel
6 dag Zucker
2 dag Honig
1/8 l Milch
geriebene Zitronenschale
1 EL Rum
1 Msp. Vanillezucker
Rosinen

Mit der halben Menge erwärmter Milch Germ auflösen, mit etwas Mehl zum Dampfl rühren, mit Mehl bestäuben und an einem warmen Ort zugedeckt gehen lassen. Sobald das Mehl Sprünge zeigt, die anderen Zutaten (lauwarme Milch, Zucker, Butter, Prise Salz, Ei und geriebene Zitronenschale verrühren) mit dem Mehl zum Teig kneten. Zugedeckt gehen lassen, dann den Germteig in zwei gleich große Teile teilen, beide in der Länge der Form rechteckig und fingerdick ausrollen, jede Hälfte mit der gewünschten Fülle stark bestreichen, wie einen Strudel die Flecken einrollen, aber von beiden Seiten zur Mitte hin, mit dem Schluß nach oben in die gefettete Form legen, gehen lassen und bei mittlerer Hitze etwa 40 Minuten backen. Vor dem Stürzen auskühlen lassen, dann mit Zucker bestäuben.

Nuß-/Mohnfülle:

Milch, Honig und Zucker aufkochen, noch heiß die übrigen Zutaten einrühren. Ist die Masse zu fest, verdünne man mit etwas kalter Milch.

Grammelkrapfen

25 dag Mehl	Mehl mit feingewiegten oder faschierten
25 dag Grammeln	Grammeln und den anderen Zutaten zu einem
20 dag Zucker	festen Teig verarbeiten. Eine halbe Stunde
2 Eier	kühl rasten lassen. Dann messerrückendick
1/2 Pkg. Backpulver	ausrollen, Scheiben ausstechen und bei guter
Zimt	Hitze backen. Nach dem Backen je zwei
Zitrone	Scheiben mit Marmelade zusammensetzen.

Bröseltorte

35 dag Butter	Auf einem Nudelbrett Butter, Mehl, Zucker,
35 dag Mehl	fein gestoßene Mandeln samt Schalen, etwas
21 dag Zucker	Zimt, Saft und etwas feingeriebene Schale
21 dag Mandeln	einer Zitrone und ein Ei zu einem mürben
Zimt	Teig anmachen. Eine halbe Stunde kühl
Zitrone	lagern, dann auswalken und drei Tortenblätter
1 Ei	backen. Jedes gebackene Blatt mit einer
Marmelade	anderen Marmelade bestreichen, die Blätter
Glasur	aufeinanderlegen und mit einer beliebigen
	Glasur überziehen.

Grazer Triet

40 *dag Zucker*	Zucker, Vanillezucker und Eier schaumig
2 Pkg. *Vanillezucker*	rühren, langsam das Mehl einrühren. Finger-
8 Eier	dick auf ein mit Butter bestrichenes Backblech
50 *dag Mehl*	aufstreichen und im Rohr etwa 25 Minuten
10 *dag Butter*	backen. Nach dem Erkalten in Scheiben
Wein	schneiden und im warmen Backrohr bähen.
Zitronenschale	Vor dem Servieren einige Stücke in tiefe
Zimt	Teller legen, mit warmem, gewürztem Wein
Gewürznelken	(Glühwein) übergießen und kurz durchziehen
	lassen. Kalt servieren.

Honigkuchen

1 *dag Pottasche*	Pottasche am Abend vorher mit einem
1 *Gläschen Rum*	Gläschen Rum auflösen, am nächsten Tag mit
25 *dag Honig*	Honig und Butterschmalz vermischen und
12 *dag Butterschmalz*	handwarm erhitzen. Diese Honiglösung über
50 *dag griffiges*	das Mehl schütten und gut abarbeiten, dabei
Weizenmehl	2 ganze Eier nach und nach, Zucker, Zimt,
2 Eier	Gewürznelken, Sternanis und grobgeschnitte-
8 *dag Zucker*	ne Nüsse einarbeiten. Zusammengepreßt den
Zimt	Teig über Nacht ruhen lassen, am nächsten Tag
Gewürznelken	daumendick auf ein gut gefettetes Backblech
Sternanis	ausbreiten und in mittelheißem Rohr zu gold-
5 *dag Nüsse*	brauner Farbe backen. Während des Backens
grobgehackte *Nüsse*	ab und zu mit gewässertem Eiklar bestrei-
grober *Zucker*	chem, gegen Schluß des Backens mit grob-
1 Eiklar	gehackten Nüssen und grobem Zucker
	bestreuen.

Weinschaumcreme

3/8 l Weißwein und
Apfelsaft
1 Pkg. Vanille-
puddingpulver
2 Eier
ev. 1 Blatt Gelatine
10 dag Honig
1/8 l Schlagobers
Marmelade, Früchte
oder Kompott

Weißwein und Apfelsaft erhitzen, das angerichtete Puddingpulver einmengen, aufkochen, im Wasserbad abkühlen lassen, Eidotter und Honig versprudeln und einrühren, steifgeschlagenen Schnee und Schlagobers darunterheben.

Joghurtbecher

Saft von 4 Orangen
2 EL Honig
6 Blatt Gelatine
2 Becher Joghurt
1 Banane
1 Apfel
1 Orange
1/8 l süße Sahne

Den ausgepreßten Orangensaft, die abgeriebene Schale von einer Orange und den Honig erhitzen. Die in kaltem Wasser eingeweichte und wieder ausgedrückte Gelatine darin auflösen. Joghurt, kleingeschnittene Banane, Apfel und Orange daruntermischen. In Gläser füllen, im Kühlschrank erstarren lassen. Mit ungesüßter, geschlagener Sahne garniert servieren.

Topfenknödel

15 *dag* Butter	Die flaumig gerührte Butter wird mit den
1/2 *kg* Topfen	Dottern, dem passierten Topfen, Salz, Rahm
Salz	und Grieß gut verrührt und 1/2 Stunde stehen
15-20 *dag* Grieß	gelassen. Dann Schnee einheben, Knödel
Rahm *oder* Milch	formen und diese 1/4 Stunde in Salzwasser
Dotter *und* Klar	ziehen lassen, mit heißer Butter übergießen
von 5 Eiern	und mit Semmelbröseln bestreuen.
Salzwasser	
Butter	
Semmelbrösel	

Eiweißkuchen

16 *dag* Zucker	Das Eiweiß schägt man zu Schnee und rührt
8 *dag* Butter	dann den Zucker und die geriebenen Man-
8 *dag* Mehl	deln, zerlassene Butter und das Mehl darun-
6 *dag* Mandeln	ter. In eine befettete und bemehlte Form
4 Eiweiß	geben und bei 170°C backen.

Vorratshaltung

Preßwurst

2 kg Kopf- und Kragenfleisch, Herz und Lungen vom Schwein Salz Butter Wurzelwerk Zwiebel Majoran Essigwasser Lorbeerblatt Schweinsmagen	Fleisch und Innereien mit kaltem Wasser zustellen, salzen, braungeröstetes Wurzelwerk mit Zwiebel sowie etwas Majoran dazugeben und kochen, dann abseihen und kalt stellen. Das Fleisch in kleine Würfel schneiden, etwas von der wieder erwärmten Schweinssuppe dazugießen, das Ganze mäßig erwärmen und sodann in den sorgfältig gereinigten Schweinsmagen einfüllen, zunähen, in ein Tuch binden und 1 1/2 bis 2 Stunden in gesalzenem Essigwasser mit Lorbeerblatt langsam kochen. Die Preßwurst nach dem Kochen an der Oberseite mit einer Nadel mehrfach anstechen, damit die enthaltene Luft entweichen kann, hierauf leicht beschweren und erst am nächsten Tag anschneiden.

Blutwurst

1 l *Schweineblut*
1 *kg Kopffleisch und*
Schwarten
25 *dag Reis (oder*
Buchweizenschrot,
Rollgerste, Erdäpfel,
Semmeln)
je kg Masse 3 dag Salz,
Pfeffer, Paprika,
Neugewürz, Majoran,
Thymian, Basilikum,
Rosmarin
1 *Zehe Knoblauch*
1 *große Zwiebel*

Die Füllmittel wie Reis usw. werden gekocht bzw. gedünstet. Fleisch und Schwarten ebenfalls gut kochen, auskühlen lassen und durch die grobe Lochscheibe faschieren. Die feingeschnittene Zwiebel wird mit dem Knoblauch geröstet und leicht ausgekühlt. Dann vermischt man alle Zutaten gut und gibt das Blut dazu, eventuell etwas Suppe, bis die Wurstmasse dickflüssig ist. Man füllt in Schweinedünn-, aber auch -dickdärme ein, dreht zur gewünschten Länge ab und legt die Würste ins heiße Wasser. Man brüht 1 Stunde bei ca. 75°C. Wenn man sie leicht ansticht, darf kein Blut herausrinnen. Dann legt man sie auf ein Brett zum Auskühlen. Sie können gut eingefroren werden. Besonders gut munden sie mit Knoblauch in Fett gebraten.

Steirische Blunzen

1 l *Blut*
75 *dag gekochte Erdäpfel*
25 *dag Grammeln*
Salz, Pfeffer
Majoran, Thymian
1 *geröstete Zwiebel*
1 *große Zehe Knoblauch*
1 *Msp. Paprikapulver*

Die Erdäpfel werden durch die Erdäpfelpresse gedrückt, mit dem Blut vermischt und die übrigen Zutaten dazugegeben und gut durchgemengt. Es soll ein dicker, saftiger Brei sein. Diese Mischung füllt man in sauberst gereinigte Dünndärme, wobei man die Würste nach 25 cm immer wieder abdreht. Am Ende bindet man ab und kocht die Blunzen unter öfterem Anstupfen so lange, bis kein Blut mehr austritt. Man kann sie sofort mit Knoblauch gebraten essen, sie eignen sich aber auch gut zum Tiefgefrieren.

Geselchte Leberwurst

1 *kg mageres Kopffleisch vom Schwein*
1/2 *kg Kopf- oder Kragenspeck*
1/4 *kg Schweinsleber*
1 *KL Salz*
1 *Zwiebel*
Schmalz
Majoran, Salz, Pfeffer
Schweinsdärme

Fleisch braten und faschieren. Speck kochen und in sehr kleine Würfel schneiden. Schweinsleber abbrühen, zweimal durch die Fleischmaschine faschieren, salzen und etwa 20 Minuten mit der Schneerute schlagen oder gut abtreiben. Etwas Zwiebel reiben, in Schmalz gelblich rösten, Majoran in der Kopfsuppe kochen und diese durchseihen. Fleisch, Speck, Leber und Zwiebel gut zusammenmengen, mit Salz und Pfeffer würzen und so viel von der durchgeseihten Suppe und vom Bratensaft dazugeben, daß ein dicker Brei entsteht. Die Masse in weite Schweinsdärme füllen. Diese zubinden und etwa 40 Minuten langsam kochen. Am nächsten Tag in die Selche hängen und einige Tage langsam selchen.

Hirsch-Rohschinken

10 *kg Fleisch*
20 *dag Nitritpökelsalz*
2 *dag Kochsalz*
4 *dag Gewürz*
(*Wacholder, Pfeffer usw.*)
2 *dag Rötungsmittel*
1-2 *dag Knoblauch*

Fleisch schön zuschneiden, mit dem Salz-Gewürz-Gemisch gut einreiben, gut zusammenschlichten, dann alle 7 Tage umlegen. Pöckeldauer ca. 20-25 Tage bei 4°C. Fleisch kurz wässern, aufhängen, in der Selch abtrocknen und ca. 7 Tage kühl räuchern.

Heidel-, Johannis-, Erdbeer- und Himbeersaft

8 *dag* Weinsteinsäure 3 *l* Wasser 3 *kg* Früchte 5 *kg* Zucker	Die Weinsteinsäure in kochendem Wasser auflösen, über die zugerichteten Beeren gießen und 24 Stunden stehen lassen. Den Saft auspressen und filtrieren. Unter Rühren den Zucker darin auflösen. In Gläser oder Steintöpfe füllen und lose mit einem sauberen Leinenlappen zubinden. Im Keller etwa 3 Wochen gären lassen. Den Saft in reine Flaschen abfüllen und verkorken.

Hollerkracherl

3 *l* Wasser 4 *kg* Zucker 10 *dag* Zitronensäure 3 in Scheiben geschnittene Zitronen ca. 12 große Holunder- blüten	Zutaten in einem großen Gefäß 3 Tage in der Sonne stehen lassen und täglich kräftig umrühren. Abseihen und in Flaschen füllen. Ergibt ca. 5 l Saft, der mit Wasser verdünnt wird.

Knoblauchpaprika

1 *mittlere Zwiebel* 10 Paprika *(gelb, rot, grün)* *Salz* *etwas Essig* *etwas Zucker* *einige Knoblauchzehen*	Zwiebel in Fett oder Öl anlaufen lassen, die grobfleckig geschnittenen Paprika halb-weich dünsten, mit Zucker, Salz und Essig abschmecken und zuletzt den zerdrückten Knoblauch hineingeben. In kleine Portions-gläser füllen und 15 Minuten bei 70°C ein-wecken.

Kräuteraufstrich – Rezept auf Seite 110

Eingelegter Schafkäse – Rezept auf Seite 161

Eingelegter Schafkäse

2 Bund Petersilie
2 Bund Schnittlauch
6 Zweige Estragon
je 1/2 roter, gelber und
grüner Paprika
1 EL Kümmel
1 EL grob gestoßener
schwarzer Pfeffer
1 l Olivenöl
Schafkäse

Kräuter kalt waschen, trockentupfen; die dicken Stiele entfernen. Nach Belieben grob, mitel oder ganz fein schneiden; Paprika grob raspeln oder schneiden. Diese Zutaten zusammen mit den Gewürzen zum Öl geben und alles gut vermischen. Schafkäse in beliebige Stücke schneiden, in ein Glas schichten und mit dem Kräuteröl übergießen, sodaß er vollständig bedeckt ist. Mindestens 1 Woche marinieren lassen.

Eingelegter Knoblauch

50 dag Knoblauch
2 kleine scharfe
Pfefferschoten
je 2/10 l Weißwein,
Wasser, Weinessig
1 EL Salz
3 EL Zucker
2 Lorbeerblätter
1 Thymianzweig
12 weiße Pfefferkörner
etwas Öl

Knoblauchzehen enthäuten, mit den ganzen Pfefferschoten in ein Glas geben. Wein, Wasser und Weinessig aufkochen lassen, Gewürze dazugeben. Heiß über den Knoblauch geben. Am nächsten Tag gesamten Inhalt knapp 10 Minuten köcheln lassen, wieder heiß in das Glas füllen, abkühlen lassen. Etwas Öl als Konservierungsschicht daraufgießen. Verschließen und 4 Wochen kühl stellen.

Anmerkungen, Variationen, eigene Rezepte …

Anmerkungen, Variationen, eigene Rezepte ...

Anmerkungen, Variationen, eigene Rezepte ...

Rezepte A-Z

Auserlesene Produkte vom Steirischen Schafbauern

Unaufhaltsam erobert das Lammfleisch die heimische Küche. Wie außergewöhnlich zart und aromatisch Lammfleisch ist und wie vielfältig es sich zubereiten läßt, können Sie erfahren, wenn Sie eines der zahlreichen Rezepte selbst ausprobieren.

Das Fleisch stammt von natürlich aufgezogenen, höchstens sechs Monate alten Lämmern, die in kleinbäuerlichen Betrieben gehalten und gefüttert werden.

Nur unter diesen Voraussetzungen und nach strenger Auslese bei der Verarbeitung wird das Qualitätszeichen „Vom Steirischen Schafbauern" vergeben. Der Konsument hat damit die Garantie, frisches und zart-aromatisches Lammfleisch zu erhalten.

Auch edelste steirische Schafkäsesorten und Schafmilchprodukte erfreuen sich zunehmender Beliebtheit. Der gesundheitliche Wert dieser Spezialitäten ist unumstritten.

Bezugsadressen:

Steirischer Schafzuchtverband
Pichlmayergasse 18, 8700 Leoben, Tel: 03842/25333-33
Weizer Schafbauerngemeinschaft
8160 Weiz, Tel.: 0663/9136562
Ennstaler Qualitätslämmerverein
8960 Öblarn, Tel.: 03685/23653
Süd-Weststeirische Schafbauerngemeinschaft
8502 Lannach, Tel.: 03136/81009

Styria Beef
Das zarte Fleischerlebnis

Styria Beef ist Fleisch von höchstens 10 Monate alten, ca. 320 kg schweren Jungrindern.

Die Aufzucht der Kälber erfolgt natürlich durch Mutterkuhhaltung. Die Kälber laufen mit den Kühen mit, werden von ihnen gesäugt und haben bis zur Schlachtung volle Bewegungsfreiheit. Sie werden naturnah gehalten, mit dem Weidegang von Kuh und Kalb im Sommer und tiergerechte Haltung im Winter. Nach 8 bis 10 Monaten setzt die Mutterkuh ihr Kalb ab. Ein ganz natürlicher Vorgang. Das Kalb, bereits ein Jungrind geworden, ist schlachtreif. Das Fleisch ist zart, bekömmlich und feinfasrig. Eine optimale Marmorierung sowie die Zartheit lassen das Styria Beef zu einem einmaligen Eßvergnügen werden.

Die Styria Beef-Betriebe sind nach strengen Richtlinien ausgewählt und werden ständig vom steirischen Fleischrinderverband und der Landwirtschaftskammer kontrolliert. Styria Beef bekommen Sie bei renommierten Fleischhauern und in anspruchsvollen Gastronomiebetrieben.

Die Vermarktung erfolgt über den Agrosserta-Schlachthof Graz oder über die Direktvermarktung bei Landwirten, die Sie beim Fleischrinderverband erfahren - Tel.: 03642/2264-19.

Was ist
Porki?

Porki ist ein steirisches Qualitätsschweinefleisch, das von ausgesuchten Bauern in der Süd-, Ost- und Weststeiermark erzeugt wird. Die Erzeugung von Porki Markenfleisch unterliegt äußerst qualitätsorientierten Richtlinien, die ständig von eigenen Kontrollpersonen und unabhängigen Organen der Landesveterinärdirektion auf ihre Einhaltung überprüft werden.

Das Ergebnis ist ein äußerst zartes, saftiges und geschmackvolles Fleisch mit einem ausgewogenen Fett-Fleisch-Verhältnis. Das wurde auch durch eine wissenschaftliche Untersuchung auf innere Fleischqualität belegt. Porki Schweinefleisch enthält durch die komponentenreiche und abgerundete Fütterung ein hohes Maß an wertvollen Fettsäuren und ist zudem viel cholesterinarmer als bisher angenommen.

Diese Tatsache hat vielen Konsumenten die Angst vor Schweinefleisch genommen. Aber was die Schmackhaftigkeit betrifft, überzeugen Sie sich am besten selbst durch den Einkauf in einem Porki Fleischergeschäft oder bei einem der Porki Bauern, die unter „Gutes vom Bauernhof" direkt vermarkten.

Porki, ein gesunder Genuß für Kenner und Genießer.

Das ist steirische Qualität.

frisch·saftig steirisch

Der Alpenbogen, der sich durch ganz Europa zieht, teilt sich an seinem südöstlichen Ende in mehrere Äste. Zwischen den Alpen und dem Übergang in die ungarische Tiefebene liegt ein ausgeprägtes Hügelland - die Steiermark. Die feingliedrige Landschaft mit ihrem Wechsel zwischen Wäldern und fruchtbarer Kulturlandschaft bietet für den Obstbau optimalste Voraussetzungen.

Der Apfelanbau wird durch das Klima besonders begünstigt - die kalten Nordwinde werden durch die nahen Berge der Alpen ferngehalten. Auf den Südhängen wächst durch den Wechsel von heißer Sonne am Tag und kühler Nacht ein farbenprächtiger Apfel mit vollmundigem Fruchtaroma heran.

Von der gesamtösterreichischen Obstanbaufläche mit 10.500 ha liegen beinahe 7.500 ha in der Steiermark. Dem Apfelanbau kommt dabei die größte Bedeutung zu. Es folgen Birnen, Pfirsiche, Erdbeeren und Holunder.

In der Produktion ist ein klarer Trend zur Spezialisierung erkennbar. Rund 80 % der Obstbauern erzeugen nach den Richtlinien des umweltfreundlichen, integrierten Anbaus: unter Berücksichtigung von ökologischen Kreisläufen und unter Einsatz von Nützlingen und biotechnischen Maßnahmen wird die Verwendung von Chemie soweit wie möglich minimiert. Ein unabhängiges Kontrollsystem begleitet den Anbau. Die Früchte werden bis zum Verkauf mit dem Markenzeichen "frisch-saftigsteirisch" und dem österreichischen Gütezeichen gekennzeichnet.

Kontaktadresse:

Obsterzeugungsorganisation Steiermark GmbH,
Hans-Sachs-Gasse 5/III, A-8010 Graz
Tel: 0316/828840; Fax: 0316/814772

Spezialitäten der regionalen Küche

Die Rezepte in diesen Kochbüchern – alle gesammelt von Bäuerinnen der jeweiligen Region und aufbereitet von erfahrenen Köchinnen – spiegeln appetitanregend den Reichtum der regionalen Kochkunst wider. In ihrer Vielfalt findet jeder Gaumen seine Gustostückerln.

Tirol

Maria Gschwentner
Tiroler Bäuerinnen kochen – Einfach gute Rezepte
208 Seiten, mit Farbabbildungen; öS 248,-/DM 36,-/sfr 36,-
ISBN 3-900521-23-9 – 3. Auflage

Vorarlberg

Rosa Beer und Regina Schwärzler
Vorarlberger Bäuerinnen kochen – Einfach gute Rezepte
208 Seiten, mit Farbabbildungen; öS 248,-/DM 36,-/sfr 36,-
ISBN 3-900521-18-2 – 2. Auflage

Südtirol

Karin Longariva
Südtiroler Bäuerinnen kochen – Einfach gute Rezepte
208 Seiten, mit Farbabbildungen; öS 248,-/DM 36,-/sfr 36,-
ISBN 3-7066-2105-3 – 2. Auflage

EDITION**LÖWENZAHN** • Innsbruck

Oberösterreich

»Den Bäuerinnen in den Kochtopf geschaut«:
Das Geheimnis der bäuerlichen Küche liegt in
einer Ausgewogenheit der verwendeten
Lebensmittel und in der erfahrenen Nutzung
der Würzkräuter. Die Rezepte dieses
Kochbuchs lassen das Echte, Bodenständige,
Erprobte spüren – und sie sind bekömmlich
und gesund, weil sie die Erkenntnisse moder-
ner Ernährungswissenschaft berücksichtigen.
Die Rezepte dieses Kochbuchs sind nach den vier Jahreszeiten gegliedert. Das
ist sehr praktisch für Sie: Sie können Ihren Speisezettel ideal auf das saisona-
le Angebot abstimmen.

Landwirtschaftskammer für Oberösterreich (Hrsg.)
Oberösterreichische Bäuerinnen kochen
Einfach gute Rezepte
208 Seiten, mit Farbabbildungen; öS 248,-/DM 36,-/sfr 36,-
ISBN 3-7066-2112-6

Köstliche Gerichte

**Rezepte, die nicht überall zu finden sind. Gesammelt und zusammen-
gestellt von Autorinnen und Autoren, die mit den Besonderheiten und
Traditionen der Küche ihrer Region bestens vertraut sind. Jeweils ein
Thema mit vielen leckeren Variationen. Zum Sammeln, ein ideales
Mitbringsel zu Einladungen, als Dank für ein gelungenes Essen und
natürlich für die eigene Küche.**

Christian Ruetz
Brot: Köstliche Gerichte
96 Seiten, mit Farbabbildungen;
öS 98,-/DM 14,-/sfr 14,-
ISBN 3-7066-2116-9

Martin und Martina Mair
Beeren: Köstliche Gerichte
88 Seiten, mit Farbabbildungen;
öS 98,-/DM 14,-/sfr 14,-
ISBN 3-7066-2115-0

Resi Hollerer
Äpfel: Köstliche Gerichte
88 Seiten, öS 98,-/DM 14,-/sfr 14,-
ISBN 3-7066-2107-X

Erika Jandl und Karoline Pilgram
Erdäpfel: Köstliche Gerichte
88 Seiten, öS 98,-/DM 14,-/sfr 14,-
ISBN 3-7066-2109-6

Sabine Heinzle und Regina Schwärzler
Käse: Köstliche Gerichte
88 Seiten, mit Farbabbildungen;
öS 98,-/DM 14,-/sfr 14,-
ISBN 3-7066-2108-8 – 2. Auflage

EDITION**LÖWENZAHN** • Innsbruck

Franz Dürnsteiner

Österreicher mit Pfiff

Ein Panoptikum skurriler Zeitgenossen

Ein Glück, daß es sie noch gibt: diese Helden des Alltags.

Der rot-weiß-rote Apachen-Häuptling, der Privatgelehrte, der meint, Einstein sei ein Idiot gewesen, der Vogelspinnenzüchter, der erste Erdling auf der Venus, die Bärenmama und die Zirkusprinzessin i. R. ... Sie und die anderen in diesem Buch portraitierten skurrilen Zeitgenossen unterscheiden sich vor allem in einem Punkt von den gemeinen Normalbürgern: Ihre Träume beginnen beim Aufwachen! In den Ö3-Sendungen »Radiothek« und »Rot-Weiß-Rotes Radio« hat Franz Dürnsteiner viele dieser Österreicher mit Pfiff über Jahre hinweg portraitiert: »Manchmal allerdings, nach stundenlangen Gesprächen, nach tiefgründigen Betrachtungen über Gott und die Welt, ist mir auch ein Grinser über's Gesicht gehuscht, begleitet von der Überlegung, spinn' ich oder spinnen die anderen?«

Franz Dürnsteiner
Österreicher mit Pfiff
Ein Panoptikum skurriler Zeitgenossen
144 Seiten, mit vielen Abbildungen
öS 198,-/DM 29,-/sfr 29,-

EDITION**LÖWENZAHN** • Innsbruck